AF623894

भारतीय ज्ञानपीठ

मोहाली से मेलबर्न

(यात्रावृत्त)

प्रकाशक / लेखक की अनुमति के बिना इस पुस्तक को या इसके किसी अंश को संक्षिप्त, परिवर्धित कर प्रकाशित करना या फिल्म आदि बनाना कानूनी अपराध है।

मोहाली से मेलबर्न

फूलचन्द मानव

भारतीय ज्ञानपीठ

लोकोदय ग्रन्थमाला : ग्रन्थांक 1155

ग्रन्थमाला सम्पादक
रवीन्द्र कालिया

सह-सम्पादक
गुलाबचन्द्र जैन

मोहाली से मेलबर्न

(यात्रा-संस्मरण)

फूलचन्द मानव

प्रथम संस्करण : 2012

मूल्य : 130 रुपये

ISBN 978-93-263-5055-6

प्रकाशक : **भारतीय ज्ञानपीठ**
18, इन्स्टीट्यूशनल एरिया, लोदी रोड, नयी दिल्ली-110 003

मुद्रक : विकास कम्प्यूटर ऐंड प्रिंटर्स, दिल्ली-110032

आवरण-सज्जा : ज्ञानपीठ कला प्रभाग

© प्रो. फूलचन्द मानव

MOHALI SE MELBOURNE
(Travelogue)
by Phul Chand Manav

Published by : **Bharatiya Jnanpith**
18, Institutional Area, Lodi Road, New Delhi-110 003

e-mail : jnanpith@satyam.net.in, sales@jnanpith.net
website : www.jnanpith.net

First Edition : 2012
Price : Rs. 130

सस्नेह

जिनके कारण आस्ट्रेलिया
मेरा दूसरा घर है...
गुन्ताज, पर्ल
हरमीत कौर
और बेटे योगेश मानव
के लिए

—फूलचन्द मानव

पुरोवाक्

जीवन के चित्र को विविध रंगों से भरने के लिए उतने ही अनुभवों से गुजरने की जरूरत होती है। वे अनुभव व्यक्ति-व्यक्ति से मिलते हैं, देश-विदेश की यात्राओं से मिलते हैं। दृश्य पर पकड़ जितनी गहरी होती है, रंगों की विविधता उस चित्र को उतनी ही खूबसूरती प्रदान करती है। प्रो. मानव की नजर में वह पकड़ है, इसलिए उनके लेखन में साधारण-सी घटना भी असाधारण बन जाती है। मोहाली से मेलबर्न का यात्रा-वृत्तान्त इसका साक्षी है। एक उदाहरण देखिए— ''थकान कुछ कम हुई है। पर संघर्ष कहीं अन्दर है। रिश्तों के रहस्य समझने की कोशिश में हूँ। अपनत्व-सा सबकुछ है, पर नहीं भी है कहीं।

जहाँ नहीं है, उसी के लिए चिन्तित हूँ। व्यथा की डोर गहराती क्यों जा रही है?

सोते-सोते बारह बजने को हैं। सर्दी की काटती रात के बारह। कपड़े हैं, कला है और मन! मन मेलबर्न की रोशनी-सा फैल रहा है।''

इस तरह छोटी-छोटी घटनाओं के ताने-बाने ने यात्रा-वृत्तान्त को रोचक, प्रेरक और रिश्तों की सोच को पारदर्शी बना दिया है, जिसमें सुख भी है तो चुभन भी है। सुगन्ध भी है तो बदबू भी है। और इन प्रिय-अप्रिय प्रसंगों/अनुभवों में से गुजरकर ही तो हम जीवन-यात्रा को एक निश्चित अर्थ दे पाते हैं—

बचपन में जिसका बड़ा अर्थ होता है
जवानी तक आते वह व्यर्थ हो जाता है
जो जान लेता है अर्थ और व्यर्थ की सीमाओं को
वही सार्थक जीवन जीने में समर्थ होता है।

'मानव' की लेखनी में उसी सार्थकता के दर्शन आपको हर पृष्ठ पर मिलेंगे। लगेगा जैसे आप उनके साथ यात्रा पर हैं, यात्रा का आनन्द ले रहे हैं। प्रो. मानव की कलम की यही खूबी है। यात्रा करें, यात्रा के बीच गुजरने वाले हर लम्हे को पूरी समग्रता से जिएँ, यही इसकी प्रेरणा है।

—आचार्य रूपचन्द्र

आत्मकथ्य

इन यात्राओं में : मेलबर्न

यात्राएँ इसलिए भी सुखद होती हैं कि कई मंजर, मुकाम, शहर, नज़ारे या वातावरण हमारे अनुभवों के दायरे को और विस्तृत कर जाते हैं। मिट्‌टी, हवा, पानी, पहाड़ या समन्दर ही नहीं, कुछ देशों की संस्कृति आबोहवा, प्रकृति और संस्कार भी अन्दर तक बहुत कुछ समझा जाते हैं। बाहर के प्रभाव से बड़ा होता है मनुष्य के अन्दर उभरता असर। प्रतिक्रियाएँ सौर सम्पर्क-सौजन्य का सुख, कितने ही नये क्षेत्र हमें ऐतिहासिक, सामाजिक, भौगोलिक परिवर्तन समझा, दिखा रहे होते हैं।

प्रो. योगेश्वरकौर के साथ इस दौरान मेलबर्न को खुलते, फैलते, बनते, बदलते, देखने का मौका मिला है। पात्रों-सुपात्रों के साथ मिश्रित संस्कृति, यहाँ की कर्मठता, धरोहर, श्रमसाधना को निकट से देखा और जिया है। होपरक्रासिंग, बैरिषी से टार्नेट तक ही नहीं, चारों दिशाओं में खुलते मेलबर्न के ओर छोर तक, उससे पार और परे भी फुर्सत के क्षणों को सँजोया है।

दशकों पूर्व आस्ट्रेलिया में स्वचालित मशीनों का साम्राज्य सड़कों, फ्लाई ओवर का मायाजाल, स्वदेशी भारतीय मसालों की गन्ध, डॉलर की खनक देखकर हैरानी हुई थी। आज भी वैसे ही रेल, ट्राम या बस से यहाँ एक ही टिकट पर सफ़र सम्भव है। महँगी शिक्षा बिकती है मेलबर्न में तो काम जॉब के एवज़ में खरीदने-खर्चने वाले भारतीयों की भी वहाँ कमी नहीं। वरिष्ठ नागरिकों के लिए डॉल (भत्ता) है तो अन्दरूनी अकेलापन, सन्नाटा भी। मन्दिरों, गुरुद्वारों की राजनीति से लेकर मनोरंजन, संस्कृति और संस्कारों का संगम भी आप पाएँगे। जीवन का मूल्य-महत्त्व, इंसानियत में विश्वास, प्रकृति पर भरोसा, 'न मिलावट, न महँगाई' या ऐसे ही अन्य कई पहलुओं को मैंने यात्रा में टटोला, सँजोया है। भ्रमण के दौरान ऐसा कुछ आजमाया तो काम भी आया है।

नाइट-क्लबों का मेलबर्न, कला, संगीत, साहित्य का जंक्शन, रेडियो-सेवाओं व टीवी प्रोग्रामों का एक अलग खुला संसार सैलानी के हिस्सा आया है। परस्पर

मिलन, मुस्कान, सहज संवाद हम वहाँ के गोरे-गोरियों से सीख सकते हैं—जिनके माथे पर शिकन तक नहीं उभरती। बड़े खुले खास सभागारों में रंगीनी, रौनक ही नहीं, भावुक और भारतीय चेहरों से भेंट-वार्ता भी सम्भव रहती है। यहाँ हिन्दी निकेतन भाषा प्रेम, 'इंडिया-एट-मेलबर्न' अखबार के साथ विक्टोरिया स्टेट लायब्रेरी मेलबर्न में 'इंसाइक्लोपीडिया ऑफ इंडियन लिटरेचर' अखबार (छह खंड) भी आपको खुश कर सकते हैं।

यह यात्रावृत्तान्त कुछ उल्लेखनीय नामों—हस्ताक्षरों के बिना शायद सम्भव न हो पाता। पत्नी प्रो. योगेश्वर के छोटे भाई अचिन्त चौधरी (वैज्ञानिक), मनु सिंह सिमरन (स्वीटी), डोगरमल सैनी, जया शर्मा (एस. बी. एस. रेडियो) सुधा जोशी (लाट्रोव यूनिवर्सिटी), प्रो. मोहन सिंह के साथ यदि मीनाक्षी कक्कड़, अरुण अग्रवाल, फरजाना-जहाँगीर, अमरजीत सिंह (रेडियो सर्विस), लखवीर सिंह (अब स्वर्गीय), श्रीमती रोज़ी सैणी जैसे असंख्य सहयोगियों के प्रति आभार व्यक्त न करूँ तो समय-समाज के साथ इंसाफ न होगा। फिर गरिफ़्त के पंजाबी लेखक अजीत राही, तेजसदीप सिंह (पंजाबी ट्रिब्यून रिपोर्टर, मेलबर्न), अनिल शर्मा, रितु शर्मा, हरिहर झा, चौ. रामशेर सिंह, नितिन गुप्ता जैसे आत्मीय हमारे सम्पर्क में रहे तो पाश्चात्य कवियों, पत्रकारों, लेखकों से भेंट और चर्चा सम्भव हो पायी।

और भाई विजय सहगल (सम्पादक, दैनिक ट्रिब्यून) ने मेलबर्न से मेरी वापसी पर तुरन्त फोन किया कि ऐसा कुछ लिखूँ तो अन्यत्र कहीं न दूँ —बन्धु विजय की बात भला कौन टालता! चित्र थे, असंख्य नोट्स थे, डायरी भी। एकाग्रचित्त लिखकर मैं बराबर उन्हें देता रहा। रविवारीय संस्करण के पन्नों पर वे सचित्र 18 सप्ताह तक प्रकाशित करते रहे, जिसकी प्रतिक्रिया अखबार को और मुझे सन्तुष्ट करती रही। इनसे हमारा स्नेह साढ़े तीन दशक से भी ऊपर का है। मैं उनका कृतज्ञ हूँ, आभारी भी।

भारतीय ज्ञानपीठ! ज्ञानपीठ से परिचय श्री लक्ष्मीचन्द्र जैन, रमेश बक्षी के युग से है। डॉ. केलकर, बालस्वरूप राही, दिनेश मिश्र, प्रभाकर श्रोत्रिय, कथाकार रवीन्द्र कालिया और डॉ. गुलाबचन्द्र जैन तक का सहयोग समय-समय पर मिलता रहा है। 'धूप और दरिया', 'कौरव सभा', 'अन्नदाता' जैसे अनूदित उपन्यासों के बाद अपनी इस मौलिक कृति 'मोहाली से मेलबर्न' के लिए भी ज्ञानपीठ परिवार के प्रति आभार। और अब पाठक वर्ग की बारी है।

दीपावली, 2012

—फूलचन्द मानव

साहित्य संगम, 239, दशमेश एंक्लेव,
ढकौली, जीरकपुर 160104 (समीप चंडीगढ़, पंजाब)
Email—phulchandmanav@gmail.com

अनुक्रम

1

इंसान का स्थान लिया स्वचालित मशीनों ने

महानगर का मायावी मन्दिर, जिसे देखकर लोग जीते हैं, जी-जी कर देखते नहीं थकते। विभिन्न संस्कृतियाँ, अनेक देशों के नागरिक मेलबर्न की सड़कों पर उड़न-छू से दिखाई देते, तेज़ रफ्तार में कहीं खो जाते हैं। देखते-देखते आपके भी हो जाते हैं। आप खुलकर कुछ कहें तो! खोलने के यत्न में बड़े-बड़े रहस्यमयी क्षण आपका साथ दे रहे होंगे।

सिडनी, कैनबरा, होबार्ट, एडिलेड, पर्थ हो या डार्विन, ब्रिस्बेन, कैरन्स अथवा मेलबर्न, मानवीय मधुरता, मोहक मुस्कान, सौन्दर्य की थकान आपको लुभाने लगेगी। पुलों, सड़कों, बत्तियों के संकेत चिह्नों के सहारे महानगर का चप्पा-चप्पा छानना चाहें तो हर मोड़ पर मदद आपके लिए तैनात है।

ग्रेट ओशन रोड की लगातार ढलती उभरती खूबसूरत सड़क, यारा (दरिया) घाटी की वाइंरीज, विक्टोरिया की लिटल पेंगुइन्स पंक्तियाँ, खेतों-बागों का हरा-भरा अनुभव, बैलार्ट व सोबेरन हिल पर गोल्ड म्यूजियम, स्वर्ण-खानें, सुरंगें और कच्चे सोने के पहाड़, विस्तृत फैले आलोकित समुद्र-तट मन मोह रहे हैं। बीचीस ऐंड वेज़ से अलग महानगर का श्रेष्ठ मेलबर्न इचूका, ग्राम्पीयन व ऐसा बहुत कुछ और भी जो बाँधता है।

लड़की ने आम की तरह चूसा और उसे छोड़ दिया। पुलिस बराबर दूर कहीं नज़रें टिकाए हुए है। स्वचालित मशीन इंसान का स्थान ले चुकी है। वाहनों के टायरों में ट्यूबें नहीं, सिर्फ टायर हैं। हवा भरने का झंझट खत्म। योगेश्वर (पत्नी) पिछले साल आठ महीने इसी मेलबर्न में लगा आयी हैं जो अपने अनुभव और अध्ययन के आधार पर मेलबर्न की सांस्कृतिक जीवन शैली, संगीतमय उत्सवों और अनेक दर्शनीय स्थलों की चर्चा करती रही हैं। इस चर्चा की गवाह उनकी आँखों में उभरी चमक भी है जो खुशी की लहर की पुष्टि कर रही है।

नेशनल गैलरी, क्वीन विक्टोरिया मार्किट, विक्टोरियन आर्ट्स सेंटर, चायना टाउन, मेलबर्न क्रिकेट ग्राऊंड, रियाल्टोटावर्स, क्राउन टॉवर होटल और कैसीनो, डैंडेनांग्स के अतिरिक्त वन्य जीवन, भेड़ पालन, कंगारू और गायें, फलों-फूलों का संरक्षण, इन सब पर भी योगू के धाराप्रवाह भाषण हम सुन चुके हैं। प्रवक्ता के अनुभवों में यथार्थ दर्शन के लिए इस बार छुट्टियों में मन बनाया है।

जून 8 की रात दिल्ली के इन्दिरा गाँधी हवाई अड्डे से सिंगापुर एयरलाइन के विमान से यात्रा शुरू की है। विभिन्न काउंटरों को पार करते, सामान बुक करवा के, इमिग्रेशन-कस्टम आदि क्लीयर करवाते हम पति-पत्नी, बोर्डिंग पास वाली पंक्ति में खड़े हैं। सभी कुछ यन्त्रवत् हो रहा, सुखद लगता है।

प्रथम श्रेणी बिजनेस क्लास के बाद, बारी-बारी से वृद्धों और बच्चों सहित सवारियों के प्रवेश की घोषणा हुई है। अच्छा लगा कि चार सौ सवारियों की भीड़ में विकलांगों, बच्चों, बूढ़ों को तरजीह दी गयी है।

योगू (पत्नी योगेश्वर) आगे है। अनुसरणकर्ता-सा मैं पीछे-पीछे। सब कुछ पार करके विमान में अपनी खिड़की वाली सीट 56 ए०सी० तक पहुँचा हूँ। स्क्रीनिंग, चेक आउट टैग, मोहर सब याद आ रहे हैं। एक देश से दूसरे तक पहुँचने के लिए मन में उत्साह है। दो हिस्सों में बोर्डिंगपास हवाई टिकटों से जोड़ दिये गये हैं। दिल्ली से सिंगापुर। फिर सिंगापुर में सुबह तीन घंटे ठहरने, घूमने को मिलेंगे। मन में एक तरंग-सी तैरने लगी है। तरंग साथ हो तो मन में तैरती उमंग और अर्थवती होने लगती है। सिंगापुर के बारे में कितना कुछ तो पढ़ा-सुना है।

विमान के द्वार से ही सिंगापुरी परिचारिकाएँ वाणी से नहीं, स्वभाव से भी मिठास बिखेरती लगती हैं। क्या मिठास बिकाऊ है? स्वभाव कैसे खरीदा जा सकता है? सीटों तक पहुँचने, कन्धे का सामान, बैग आदि ऊपर टिकाने और सीटों में बिठाने तक के लिए मदद बाँटी जा रही है। व्यवसाय की जरूरतें मनुष्य को सद्‌गुण भी प्रदान करती हैं, जानकर भला लगता है।

खिड़की वाली सुविधाजनक सीट पर बैठते ही सुकून मिलता है। पूरा विमान धूम्र-रहित है। बाथरूम में भी कोई 'स्मोक' करे तो सतर्कता घंटी बज उठेगी, ऐसी घोषणा भीतर हो रही है। सोचता हूँ योगू का अनुभव मेरा आधार है। असरदार यात्रा का संसार। अकेला होता तो सफर में बोर होने लगता। पर इस भावुकता का क्या करूँ? बीच-बीच में मन बीच आ जाता है, नैनों के कोरों से ढलता। खुशी है कि दूर देश की यात्रा पर निकला हूँ। उदासी है कि यह सब पहले भी हो सकता था। खैर, यात्रियों को बिठाकर परिचारिकाएँ द्रुतगति से प्रक्रिया

पूरी कर रही हैं। सूचनाएँ हैं—सामने बड़े मॉनीटर पर बेल्ट सुरक्षा उपाय। सीटों के आगे भी प्रत्येक यात्री के लिए निजी स्क्रीन है; एक-एक मानीटर सभी के लिए। ईयर फोन बाँटे गये हैं, रिमोट हमारी सीट के दायें बायें टँगे हुए हैं। निकालो, प्लग में तार लगाओ मन चाहे 22 उपलब्ध चैनलों में से कोई भी, बदल-बदल कर देखते जाओ। तो क्या अब यह सुविधा सभी एयरलाइनें देने लगी हैं?

कौतूहलमय है मेरा भीतर,
अचरज भरा है मेरा बाहर।

विमान के साथ-साथ समय भी सरकने लगा है। कितना प्रभावशाली है समय? समय कैसे-कैसे रंग दिखा देता है जीवन के! उड़ान गति पकड़ रही है। खिड़की से दिखाई देती रोशनियाँ, दिल्ली की सड़कें, देश की राजधानी। सब पीछे छूट रहे हैं।

ख्याल सरकते हैं—आगे-पीछे।

क्यों? क्यों सरकते हैं ख्याल, सवालों की तरह? यहाँ सीट पर बैठना, बँधना आरामदायक है। आगे पीछे, दायें घूमता हूँ तो अनेक गोरे चेहरे मनपसन्द चैनल से बँधे जान पड़ते हैं। भारतीय, पंजाबी परिवार अपने-अपने ढंग से व्यस्त हैं। सामान सँवारने से कपड़े बदलने तक की प्रक्रिया में। एक विमान—एक पूरी दुनिया, जिसमें कई-कई संस्कृतियाँ एक साथ उड़ान भरती हैं। शुरू में पट्टी पर तैरे थे विमान के पंख शंख-सी ध्वनि में घूँ-घूँ गुँजाते। बायाँ पंख तो ठीक हमारा साक्षी है। जलती-बुझती अपनी बत्ती को सहारता। और हम साक्षी हैं बायें पंख के! एक-सी भूमिका निभाते, दो साक्षी।

नीचे, पीछे छूटने लगी है दिल्ली की दुनिया। अगली दुनिया से मिलाने के लिए। नया बहुत कुछ समझाने के लिए। धीरे-धीरे दिल्ली की रोशनी का सैलाब दूर होता है कि भीतर गतिविधियाँ कम लेने लगती हैं। क्यों उमड़ता है कोहराम, सुबह-शाम। विमान ने भी प्रक्रिया दिखानी निभानी शुरू कर दी। भापशुदा तौलिए ट्रे में लिये परिचारिका चिमटे से एक-एक यात्री को देती आ रही है। भा रही है सेवा भावना मुस्कान के साथ। हाथ साफ करते तौलिए तुरन्त सूख रहे हैं। एक अन्य परिचारिका तौलिए वापस सहेज रही है। भापयुक्त गीले-गर्म तौलियों से चेहरा और हाथ साफ करके थकान का एक हिस्सा जैसे पुँछ जाता है। एक-एक अन्य गिफ्ट पैक पास आया है। जुराबों का जोड़ा, पेस्ट और ब्रश के साथ। सुबह सामान नहीं खोलना पड़ेगा। दाँतों की सफाई और पैरों की सफाई तक का भी ख्याल किया है सिंगापुर एयरलाइन्स ने...कि आगे तो सर्दी बढ़ने लगेगी। ❑

2

सड़कों का मायाजाल और दौड़ती लाइटों का सिलसिला

रात सवा ग्यारह बजे उड़ान भरने के बाद बारह बजते रात के खाने की ट्रे आगे आ टिकती है। अगली किट में पत्रिकाएँ सँजोकर, ट्रे टेबल खोलता हूँ। विमान का भोजन गर्म, शुद्ध व पौष्टिक जान पड़ता है। पर पेट तो भरा है! थोड़ा-थोड़ा खाकर हम ट्रे थमाएँ, उससे पहले चाय-कॉफी उपलब्ध है। दारूवाले अपना-अपना पेय ले ही रहे हैं। सामिष भोजन की गन्ध पड़ोसी गोरे देते हैं। सोने-जागने की चाहत सजगता दे रही है। शरीर की जरूरत नींद है।

मन जागना, जानना, अध्ययन करना चाहता है। हैड-लाइट ऑन करके आगे एक यात्री फाइल में खोया है। एक युवती साथ वाली तीनों सीटें खाली पाकर सोने की मुद्रा में लेट रही है। दूर किशोर अलग-अलग चैनलों पर प्रोग्राम देखने में मस्त हैं। एक अन्य युवा दम्पती ड्रिंक्स ही लिये जा रहे हैं। पढ़ने वाले, पत्रिका या पुस्तक के साथी मुझे पसन्द हैं। कई हैं, एक सरदार जी बार-बार ऊपर कैबिन में पड़ा अपना सामान उतारते-रखते देखे जाते हैं।

और सामने है बड़ा मॉनीटर...
कई सूचनाएँ एक साथ समेटे...
यान की रफ्तार...
ऊँचाई...
बाहर का तापमान...
स्थानीय समय...
लक्ष्य स्टेशन (सिंगापुर) का समय...
दिल्ली का स्थानीय समय...

जानकारियाँ रोमांचक एवं उपयोगी लगती हैं। समय-समय पर बेल्ट कस लेने की घोषणा भी सुनाई देती है। परिचारिकाएँ स्वयं भी यात्री की बेल्ट बँधवा जाती हैं।

सफाई एयरलाइन का मानक है।

शौचालय तक साफ है।

दिल्ली से 49 तापमान छोड़कर उड़ान भरी थी। सिंगापुर आते-आते लगता है, तापमान 19 रह गया है। लेकिन यात्री प्राय: उन्हीं कपड़ों में हैं, अभी।

स्थानीय समयानुसार सुबह 6.55 पर सिंगापुर विमान उतर रहा है। खिड़की के बाहर सवेरा हो रहा है और ऊपर बादल।

गति का यह खेल मनुष्य को कहाँ-कहाँ ले जाता है।

क्या यह भी स्थितियों को चिढ़ाता है?

ऊपर गगन, नीचे रफ्तार! बार-बार बढ़ती धीमी होती।

हँसते-खिलते परिचारिकाओं के चेहरे शिथिल हो रहे हैं। मुस्कान भी मन्द हो चली है। पूरी रात का जगराता, सर्विस, दौड़-धूप, सभी को खुश-सन्तुष्ट करने की भावना।

सेवा में भावना के महत्त्व को नज़रअन्दाज नहीं किया जा सकता।

जून आठ की रात दिल्ली से चले नौ की सुबह सिंगापुर पहुँचे हैं। पाँच घंटे की उड़ान ने थकाया भी, जगाया भी है। अनुभवों की कीमत तो चुकानी ही पड़ती है।

चांगी एयरपोर्ट, सिंगापुर में टर्मिनल एक से टर्मिनल दो तक की अच्छी खासी दूरी है। ट्राली में सामान धरे टिकाए यात्री घूमता परेशान न हो, यहाँ स्काईबस का प्रबन्ध है, जो रेल-लाइन पर दौड़ती, गन्तव्य दिखाती है।

दीवारों पर जानकारी पाने के लिए फोन हैं, साथ ही सूचना निर्देश भी, जिनके आधार पर अमल करके यात्री वांछित जानकारी, जहाँ भी खड़ा है, प्राप्त कर सकता है। यूँ सूचना केन्द्र हैं, जगह-जगह राह चलते किसी वर्दीधारी से पूछो, तो वह बताएगा।

हमारे पास यहाँ तीन घंटे हैं। योगू ने पिछली बार मेलबर्न से आते समय चांगी एयरपोर्ट देख रखा है, उसी आधार पर वे मुद्रा विनिमय पाती हैं, लाइन में लगकर। ड्यूटी फ्री शॉप है, जहाँ से जो चाहें खरीदें। मनोरंजन के साधन लैफ्ट लगेज (क्लाक रूम) सहित कितनी ही सुविधाएँ हैं। एयरपोर्ट बहुत साफ-सुथरा है, गन्दगी डालने वाले को यहाँ दंड का विधान है।

विस्तृत लाउंज हैं, बड़े-बड़े प्लेटफार्म, बगीचों वाले, दुकानों वाले। ट्राली पर सामान है और कन्धे पर अरमान। मन विमान की तेज गति-सा उड़ रहा है।

अनेक संस्कृतियों का दर्पण चांगी एयरपोर्ट मन का वातायन हो रहा है, कई करिश्मों को ढो रहा है। फिर बहुत कुछ पूर्व विमान की उड़ान-सा रिपीट

भी हो रहा है। इस बार सीटें 52 ए. सी. हैं। सात घंटे की फ्लाइट के बाद भीतर तक ठंड महसूसते हम स्थानीय समय के अनुसार 7.50 पर शाम मेलबर्न पहुँच रहे हैं।

अटैची फट गयी कि चारों तरफ से विधिवत् बाँध नहीं पाये थे। चारों ओर से बन्धन जीवन का हो या सामान का, सुरक्षा तो प्रदान करता ही है। रिश्तों को वरता है सो अलग से।

हमारे भाई अचिन्त, उनके बच्चे स्वीटी व मनु अपने दोस्तों—सैनी और जितेन्द्र के साथ हमारी अगवानी में हाजिर हैं। मोहाली से फोन पर फ्लाइट का नम्बर, समय मिल चुका लगता है। तीन गाड़ियों में योगू, मैं और सामान सवार होते हैं। मैं भाई डोगरमल सैनी के साथ हूँ। रंगीन मिजाज व्यक्तित्व को पाना भी खुशकिस्मती है। पार्किंग से गाड़ियाँ निकालकर मुझे बगल से कार की बैल्ट बाँधने को कहते हैं।

मुझे मुहावरा नहीं है। सैनी की मदद से बैल्ट तो बँध गयी, पर इस बन्धन को सहना-सहारना जहाँ कानून हो और उसका पालन भी सभी को आ जाता, भा जाता है।

अगली दोनों सीटों के साथ पीछे बैठी तीनों, सभी सवारियों के वास्ते बेल्ट जरूरी है।

सड़कों का मायाजाल, लगातार दौड़ती-चलती लाइटों का सिलसिला, चढ़ते-उतरते फ्लाई ओवर। दूर से आकर्षित करते ऊँचे टावर, नीचे कहीं पुल तले झिलमिलाता अन्धा पानी। सैकड़ों संकेत चिह्न और सड़क पर लगे रिफ्लेक्टर्स रात को भी मार्ग प्रशस्त कर रहे थे, गोया दिन चढ़ा हो।

लेन के साथ लेन, दूसरी, पाँचवीं, छठी लेन। सभी अपनी-अपनी लेन में 120 की रफ्तार से आटो-गीयर गाड़ियाँ भगा रहे हैं।

मुझे यहाँ खास कोई नहीं जानता, हाँ, योगू जरूर, पिछले साल आठेक महीने मेलबर्न में लगा गयी है। जितेन्द्र हमें रिसीव करते समय मूवी बना रहा था। अचिन्त भाई, वैज्ञानिक और छायाकार, अपने कैमरे से हमें क्लिक कर रहे थे।

अनजान का सम्मान—योगू की छवि व साख का ही तो द्योतक है। उनके सम्पर्क सद्भाव की मुँह बोलती तस्वीर जिताने लगा है।

विमान से बाहर आकर गाड़ियों तक पहुँचते प्राकृतिक हवा के बहुत ठंडे झोंकों ने मेलबर्न के मौसम का पहला परिचय दिया। यहाँ पुलोवर मेरी जरूरत थी। गाड़ियाँ गर्म हवा दे रही थीं। हापर्स-क्रासिंग में 4वे-व्यू क्रेसेंट तक आते-

आते ठंड का एहसास भीतर तक होने लगा था, बच्चों और मेजबान अचिन्त से मिलन का निघ बराबर कायम था। —

इतने रंगों में रचा गया है मौसम महानगर का?

महानगर में नयी तकनीक का खुलापन निहार रहा हूँ—रात की रंगीन बाँहों में है मेलबर्न! यहाँ कितने-कितने देशों से लोग, नागरिकता लेकर, ट्रिलियन डालर संस्कृति से दस्तपंजा ले रहे हैं। मेहनतकश, ऐयाश, जुआरी, कर्मचारी, सोने वाली आँखों जैसी युवतियाँ, फुदकती किशोरिकाएँ, नटखट नादान लड़के, बूढ़े और डॉलर वसूलते गणित।

...कि एकाएक पड़ाव पर गाड़ियाँ रुकी हैं। सारा सामान अचिन्त चौधरी के यहाँ उतरवाकर, उसी तरह गाड़ियों में पड़ोसी मुहल्ले में हो चले हैं, जहाँ श्रीमती सैनी उर्फ राज़ी अपनी बेटी अमरजीत कौर गर्मागर्म खाने के साथ हमारे इन्तज़ार में हैं।

अपनत्वभरी गर्मजोशी, यख़शीत मौसम पर हावी हो चली है। यहाँ तापमान 2 डिग्री है।

गर्म, कड़क चाय साथ में वैसी ही गर्मागर्म बातें और फिर डिनर। सरसों का साग, मक्की की रोटी से लेकर, दारू-चिकन, सलाद-सब्जियों तक।

'मैं तो अंडेरियम हूँ।'

—कि तुरन्त आमलेट और भुर्जी आ जाते हैं। जितेन्द्र, खरड़ से हमारे परिचित स. दीदार सिंह के सुपुत्र हैं, भौतिक शास्त्र में पीएच.डी., उधर आगे विशेष अध्ययन कर रहे हैं।

डोगरमल सैनी कपूरथला के सैनिक स्कूल में पढ़ाकर मेलबर्न आ गये हैं। पीछे बंगा से हैं।

घरेलू माहौल में एक मौलिक मेलबर्न भीतर पनप रहा है, जिसे महीने भर मुझे जीना है। सोचता हूँ—कितने रंगों में रचा गया है मौसम महानगर का?

❑

3

आस्ट्रेलिया में भी मिल गयी 'सोंधी खुशबू'

माँ के दिये संस्कार उजाले का हिस्सा हो रहे हैं कि चौके में जूते पहनकर नहीं आना। रसोई से बाहर ही रहनी चाहिए चप्पलें। भारतीय संस्कार आस्ट्रेलिया में भी पा कर भला लगता है। अपने यहाँ तो काफी कुछ लुप्त होता जा रहा है। पर इस समाज में देखकर हैरानी हुई, खुशी भी।

यहाँ जूते कमरों में प्रवेश नहीं पाते।

घर के बाहर ही सब बूट, सेंडिल उतारते हैं।

नंगे-नंगे पैरों घरों में प्रवेश। घूमना। लगा घर एक पूजास्थल है, कोई मन्दिर या गुरुद्वारा।

हाँ, घर पूजास्थल ही तो होते हैं। मनुष्य जानकर भी अनजान बना रहे तो कोई क्या करे?

अचिन्त के यहाँ खुला घर है। तीन बेडरूम, लौंडरी, खुली रसोई, आधुनिक बाथरूम, टायलेट, लॉबी और आगे-पीछे लॉन। खूबसूरत ड्राइंगरूम घर को मुखरित करने वाला है। वाल-टू-वाल कालीन, बड़े चौड़े काँच पर तीनों दिशाओं में लहराते ब्लाइंड्स, जालीदार खिड़की, डबल डोर सुरक्षा लॉक और छत से लटकते फानूस, जिनमें बिजली के बल्ब प्रकाश बिखेर रहे हैं। भव्य आकर्षक शैली में दीवारों पर टँगे तीनों चित्र, कलाप्रियता के द्योतक हैं। पता चलता है कि गोगे ने ही ये बनाये हैं। अचिन्त, योगू का छोटा भाई, जिसका बचपन का नाम गोगा, आज तक उनके मुँह चढ़ा हुआ है। मोबिल में वैज्ञानिक, अचिन्त की कला-सम्मान भावना उसकी रुचियों की द्योतक हो चली है।

मुख्य द्वार के सामने, रसोई से सटा लौंडरी का कमरा है। इसी में फिलहाल हमारा सामान टिका है। इन्तजाम टिका है। लम्बी हवाई यात्रा की थकान और जगराते। रतजगे ने अभी थकाया हुआ है। खान-पान व्यवस्था की इस बीच अनियमितता रही सो अलग...

अपने-अपने काम पर जा चुके हैं तीनों। अचिन्त, मनु को स्कूल छोड़ता हुआ अपनी माजदा से मोबिल पहुँच चुका होगा।

स्वीटी, अपने स्कूल के लिए रवाना हो चुकी है। नजदीक, पैदल दूरी पर ही है स्कूल।

योगू सुबह उठी होगी। उसने तीनों को नाश्ता करवाकर, अचिन्त का लंच भी पैक किया होगा और नहा-धोकर पाठ कर रही होगी।

...इन हमारी महिलाओं में इतनी शक्ति भला कहाँ से आ जाती है? उतनी ही थकान इनकी भी है, फिर भी नियमित दिनचर्या में मगन। बदस्तूर। सुबह उठते ही, अलसाहट में अचिन्त के खोये सपने के बारे में सोचने पर विवश हूँ।

कोई डेढ़ साल पहले रूपिन्दर कैंसर के कारण चल बसी थी। घर की आधी-अधूरी तस्वीर को सहेजने-सँभालने योगू इसी कारण मोहाली से मेलबर्न पहुँची।

कुछ सपने अधूरे क्यों रह जाते हैं?

खोये सपने की पूर्ति चाहता है प्रत्येक मन। अचिन्त भी प्रत्येक मन में शामिल है।

विश्वास हो तो सपना जगता है, साकार भी होता है। कभी हँसमुख, कभी शान्त। अचिन्त सपने के भीतर-ही-भीतर संघर्षरत है।

घर एक वैज्ञानिक का आदर्श निवास है। इसे सँभालने, चलाने वाली आत्मा की तलाश में।

× × ×

सोचता हूँ, कमरे व बिस्तर में घनत्व है। अभी नंगे पैरों ही टायलेट जाता हूँ, स्वच्छता मोह लेती है। कहीं कोई दुर्गन्ध नहीं। बाथरूम में 7 फुट 3 फुट का बड़ा टब है, पत्थरनुमा। शावर के साथ दो-दो नल। इधर वाशबेसिन है बड़ा और खुला, जिस पर आदमकद चौड़ा दर्पण लगा है। ऊँचे इटैलियन शीशों की ओट में फिर शावर दो-दो नलों के साथ, खुलता बन्द होता है। गर्म-ठंडे पानी के लिए लगे दोनों नल जरूरतें ही पूरा नहीं करते, माहौल भी देते हैं। नहाने का पानी यहाँ धार से भी आता है, शावर की रफ्तार से भी। फिर इस हाथ के फव्वारे को जहाँ चाहें चलाते रहें। दायें, बायें, ऊपर या नीचे।

याद आया, आते समय मेलबर्न हवाई अड्डे पर एक युवा चीनी लड़के ने गर्दन से सनी दो तनियों वाली गुदाज मलेशियन लड़की को हैंगर की तरह लटकाया और उसे खींचता ही ले गया।

ऐसे में वार्डरोब से कपड़े निकालते, ट्रैक सूट के नीचे पहनने वाली गर्म

बनियान और पायजामा उपयोगी लगता है, जिसे सेक्टर–22 से योगू ने खरीदवाया था। बाहर ठंडी हवाएँ हैं, कँपाने वाली सर्दी। गर्म पानी से नहाने पर भी, दोहरा किये जा रही है। ये दाँत क्यों किटकिटा रहे हैं?

हिम्मत करके द्वार से बाहर आता हूँ। धूप की चादर भली लगती है, पर हवा की धार इसके प्रभाव का पता ही नहीं लगने देती।

आस–पड़ोस शान्त है।

इकहरे, एक मंजिला मकान हैं सब, जिनके बाहर प्रायः गाड़ियाँ लगी हैं, अलग–अलग मेक, जुदा–जुदा रंग पर लगता है चलने पर इनकी रफ्तार एक सी रहती होगी। शहर में हर जगह गति सीमा की सूचना देखता, पढ़ता आया हूँ।

आगे वाले लॉन में झाड़ियाँ हैं, क्यारियाँ भी। उनमें खिले पाश्चात्य फूल, जिनके नाम तो मैं नहीं जानता, पर इनका आकर्षण पहचानता हूँ। लगाने वाले का शौक भी, जहाँ सभी काम स्वयं सम्पन्न करने होते हैं। सफाई, धोबी, माली, मिलेंगे भी तो बहुत महँगे। पत्थरों से बने चबूतरे वाला एक लेटर बॉक्स है आगे, जिसके नीचे गोलाकार अखबार, पत्रिकाएँ टिकाने का साधन है।

ऐसा जुगाड़ प्रायः सभी मकानों के बाहर दिखाई दे रहा है। सप्ताह भर का कूड़ा–कचरा, बिन में डालकर सभी एक रात पहले, बाहर रख देते हैं, जिसे दूसरी सुबह कूड़ा गाड़ी, स्वचालित विधि से उँडेलती, दूर दफनाने ले जाती है।

अखबारों की रद्दी यहाँ बिकती नहीं, मुफ्त में चुकवाई जाती है, ऐसा जानने लगा हूँ। कहते हैं ट्रेन, बस या ट्राम से उतरते ही यात्री, पढ़ा हुआ अखबार बिन के हवाले करते हैं या सीट पर ही छोड़ उठ खड़े होते हैं। मेलबर्न में कहीं शोर नहीं, धुआँ नहीं। मक्खी–मच्छर भी नहीं। धूल, गारा या कचरा भी नहीं बिखरा। धुली–पुती काली सड़कें चमक रही हैं। कि आओ, सैलानी! सफर शुरू करें।

...जैसे शान्त माहौल में चल रहा है जन–जीवन।

इक्के–दुक्के बच्चे, सिर पर हैलमेट के साथ साइकिल पर सरकते देख रहा हूँ। सुरक्षा लाजिमी लगने लगी है।

'मुझे चाँद चाहिए' मेरे पास है, पढ़ने के लिए। पर अभी मन नहीं हो रहा। किताब बन्द कर देता हूँ।

साढ़े तीन तक मनु–स्वीटी आ चुके हैं। खिलाकर खाने का भी एक सुख होता है। पत्नी लंच परोसने लगी है।

कभी भीतर कभी बाहर
अगर मैं देखता हूँ
मुझे बदला हुआ–सा

बहुत कुछ लगने लगा है।

योगू मेजबान है अब। सग्गू परिवार, श्रीमती और श्री मक्खन मिलने आये हैं। यहाँ के बारे में मेरी प्रतिक्रिया जानना चाहते हैं। एक शेर याद आ जाता है—

इस शहर में
वो कोई बारात हो, या वारदात
अब किसी भी बात पर
खुलती नहीं हैं खिड़कियाँ।

नये समाज के मूल्यों पर चर्चा होती है। राजनीति, पैसा, सेक्स, सम्बन्ध और समाज विभिन्न सन्दर्भों में केन्द्र में है। चेहरे और मुद्राएँ भी।

शाम गहरा गयी है।

अचिन्त के साथ छोटे 'सब वे' में गया हूँ। यहाँ का एक बड़ा बाजार जान पड़ता है। डिपार्टमेंटल स्टोर-सी दुकानें हैं सब्जी-फ्रूट की भी। ट्राली में खरीदार अपनी जरूरतें जुटाता चलता है। घूमते हुए दूध, फल, मक्खन, पनीर और न जाने क्या-क्या।

सोचने लगा हूँ—मनोवृत्ति में भोजन स्वाद और सुपाच्य होने लगता है।

थकान कुछ कम हुई। पर संघर्ष कहीं अन्दर है। रिश्तों में रहस्य समझने की कोशिश में हूँ।

अपनत्व-सा सबकुछ है। पर नहीं भी है कहीं।

जहाँ नहीं है, उसी के लिए चिन्तित हूँ। व्यथा की डोर गहराती क्यों जा रही है?

सोते-सोते बारह बजने को हैं। सर्दी की काटती रात के बारह। कपड़े हैं, कला है और मन! मन मेलबर्न की रोशनी-सा फैल रहा है।

× × ×

शाम को मेरे लिए मीनाक्षी का फोन था। पचास मिनट बातें होती रहीं। चारेक साल पहले मीनाक्षी पति व बच्चों के साथ मोहाली से ही मेलबर्न आयी थी। प्राध्यापिका है। पति भी। एक-एक को नाम लेकर याद किया था। दूरियाँ नजदीकियाँ हो जाती हैं, एहसास हो रहा है।

मीनाक्षी के स्वर की आत्मीयता बाँध रही है। विदेश में रहकर भी स्वदेशी अपनापन एक मानक लगने लगा है। मूल्य बने रहते हैं, तो लुभाते हैं। टूटते-बिखरते हैं तो दुखाते-कलपाते हैं। मूल्य और महत्त्व में मौका और मुकाम भी

तो शामिल है। अपनापन बाँटता इन्सान ऊँचा उठ रहा है। ऊपर की ओर सोचता मनुष्य मनोबल की मर्यादा तक मधुर हो रहा होता है। सपने सँजोता, आकांक्षाएँ पिरोता। अभी वाणी का प्रभाव मोहने लगा है।

× × ×

समय और स्थान के सन्दर्भ में मेलबर्न एक जिज्ञासा है। पहेली की तरह इसे सुलझाना होगा। सहेली की तरह इसे पाना होगा।

कल सफर ने तोड़ा था।

आज ने यथार्थ से जोड़ा है।

आनेवाला कल क्या दिखाएगा। एक सुखद कल्पना में मन उड़ने लगा है।

स्टार मूवीज में देखे किरदार वी चैनल का कार-व्यवहार स्मरण आ रहा है। कितने चरित्र, कितने चेहरे। किताबों से निकलकर पात्रों के रूप में आसपास घूमने लगे हैं। ये किसी के सगे हैं? रंगीन, विद्रूप चेहरे।

टकटकी लगाये दीवार पर टँगा आस्ट्रेलिया का नक्शा देखता रहा था बार-बार। विक्टोरिया। स्टेट का नाम ही सुन्दर है, मेलबर्न में सौन्दर्य भला क्यों न होगा! बाहर का सौन्दर्य प्रकृति की प्रौढ़ता करता है। यह पुष्टि मुझे भीतरी सौन्दर्य के बारे में सोचने पर विवश करने लगी है।

मैं रसोई को घर का केन्द्र मानता हूँ। पेट-पाचन सब इसी से तो जुड़ा है।

किचन में गैस व्यवस्था नालियों, पाइपों द्वारा, पानी के समान की गयी है। कोई सिलेंडर या रीफिल नहीं। फोन, बिजली या पानी की तरह गैस का भी बिल आता है चुकाने के लिए।

माइक्रावेव ओवन पर समय-सूचक चमक रहा है, हरे गहरे रंग में। ध्यान से देखने लगा हूँ। दूध का कप या चावल की प्लेट, कुछ भी, एक-एक करके माइक्रेवेव में गर्म करते जाइए, समय का अलार्म साथ-साथ आपको चेताता रहेगा।

अचिन्त के यहाँ फोन किचन में भी पड़ा है, बेडरूम में भी। जीवन संवाद शायद यहाँ से शुरू होकर यहीं सम्पन्न हो जाता हो।

बाहर लगता है बरसात हो रही है, अन्दर सर्दी और बढ़ गयी। इलैक्ट्रो कम्बल से बिस्तर गर्म किये जाते हैं! प्रश्न-दर-प्रश्न, जिज्ञासा बढ़ रही है। विक्टोरिया मेलबर्न, हॉपर क्रॉसिंग!

मेरी सोच यान की रफ्तार से भी तेज भागने लगी है।

❑

4

डॉलर की खनक खींचती है यहाँ

मेलबर्न, दक्षिण में बागों का शहर कहलाता है। इसे आस्ट्रेलिया की सांस्कृतिक, खेल, अर्थ और फैशन की राजधानी होने का गौरव भी प्राप्त है।

बाग, अर्थात् सौन्दर्य! फूल, फल, पत्ते, पक्षी, प्रकृति और एक परम्परा समर्पण की। प्रकृति दानशीलता का ही तो दूसरा नाम है। बाग प्रकृति की गोद में वरदान हैं, और मेलबर्न अनगिनत बागों की नुमाइश।

कलाप्रियता, संस्कृति और दर्शक दीर्घाओं की भरमार है यहाँ। बसन्त में घुड़दौड़, कार्निवाल से लेकर तरह-तरह के खेल इधर आयोजित होते हैं। शेयर बाजार, पूँजी या आर्थिक क्षेत्र में जो चमत्कार मेलबर्न दिखा रहा है, उनकी झलक यहाँ के टॉवर्स, इमारतें, कैसीनो दे रहे हैं। डॉलर की खनक यहाँ खींचती है तो मुद्रा का मोह बाँधता है। पंचतारा होटलों से लेकर रियाल्टो टॉवर तक एक गति है। लगातार तेजी से रूपाकार ग्रहण करती हुई।

विक्टोरिया की राजधानी मेलबर्न है। यहाँ के कौतुक स्मरणीय हो जाते हैं, पर्यटकों-सैलानियों से व स्थानीय नगरवासियों तक के लिए। नगरों-उपनगरों के चेहरे एक जगह चहकते पाकर एक बार तो सन्तोष होने लगता है। इतना जोश, रवानी और जयी-जलजले। लगता है डॉलर इनके अन्दर से बोल रहा है। तन-मन की खिड़कियाँ खोल रहा है। खुद जाने, देखने, खेलने या इनमें खो जाने का भी अपना एक अलग अन्दाज है।

बसन्त में हर साल विक्टोरिया में सातेक सप्ताह का पार्टी-समारोह चलता है। इसमें विभिन्न राज्यों और विदेशों से भी, सैलानी खिंचे आते हैं। हॉर्स रेस का यहाँ बेहतरीन नज़ारा मिलेगा। रंग और मस्ती से भरपूर, यहाँ फैशन का संसार है। दिलों की फुहार है। फन, फूड, फैस्टिवल—सभी मोहक। भव्यता और उत्साह का संगम जीवन को तरंगित करने वाला है। विश्व का श्रेष्ठ घोड़ा पहलकदमी के आधार पर पुरस्कृत और घुड़सवार मालामाल।

पन्द्रह मिलियन डॉलर का इनाम। बसन्त के दिनों में सैलानी मेलबर्न में हो और खेल न पाये, तो इसे देखे जरूर। घोड़ों पर शर्त किसी की लगी हो, साथ-साथ उड़ने वालों में पर्यटक भी शरीक महसूस करते हैं।

और इसी तरह मेलबर्न अन्तर्राष्ट्रीय मेला, कॉमेडी फेस्टिवल, ऑस्ट्रेलियन फार्मूला। जी.पी. और विश्वविख्यात फोस्टर्स मेलबर्न कप। इन अवसरों पर खासतौर से सजी दुकानों की दुनिया, तरह-तरह के बूटीक नमूने सैलानी युवतियों को सन्तोषप्रद स्थानीय और विदेशी फैशन प्रदान करते हैं।

और यह सब नि:शुल्क है।

मेलबर्न के पक्ष में संसार के सबसे सुन्दर, रहने योग्य शहर का मत हासिल हो रहा है। इसे रहकर ही जिया जा सकता है। जीकर ही महसूस किया जा सकता है।

× × ×

आज शनिवार है।

शहर के ठीक बीच में से निकल रहे हैं। अचिन्त, मनु और योगू साथ हैं—नयी ऑटोगीयर फोर्ड फटूरा में। लाइफ बेल्ट लगाए चारों हम, ऊँचे-लम्बे फ्लाई ओवरों को पार करते 'सिटी' की तरफ बढ़ रहे हैं। सड़क खुली और लेनों में बँटी है। दोनों ओर सड़क पर संकेत चिह्न साथ-साथ चल रहे हैं। रोड-रिफ्लैक्टर्स भी, जो रात को खूब चमकते और दिशा-निर्देश देते हैं—साइन बोर्डों की तरह। लगभग हर सौ मीटर पर सड़क के किनारे फोन की सुविधा है। आपको एमरजेंसी है तो सम्पर्क करिए।

सड़क के दोनों ओर पेट्रोल पम्प, दुकानें, मैकडोनल्ज या सेव-वे हैं। सेव-वे अर्थात् डिपार्टमेंटल स्टोर्स। पेट्रोल पम्प से गैस, पेट्रोल या डीज़ल जरूरत के मुताबिक, उपभोक्ता को स्वयं भरना होता है, ऑटो सिस्टम से। यहाँ दरें हर रोज़ लगती हैं, गैस या पेट्रोल आदि का भाव बदलता रहता है। गैस 26 सेंट प्रति लीटर है। पेट्रोल 68 सेंट। यह कल नहीं था। आने वाले कल भाव ऊपर-नीचे हो सकते हैं। उपभोक्ता दरें देखता है, अपनी जरूरत भी। और टंकी 'फुल' हो जाती है।

विक्टोरिया मार्किट में पार्किंग को खाली जगह खोजने को चक्कर लगाने पड़ रहे हैं। प्रतीक्षा में घूमने के बाद एक जगह रुकते हैं तो एक गाड़ी निकलने पर खाली हुए स्थान का उपयोग करते हैं। यहाँ भी पार्किंग फीस है—दो डॉलर। गाड़ी रखने के 54 रुपये देने पड़ रहे हैं। समय बच गया और शनिवार को पार्किंग मिल गयी, अचिन्त खुश है। गाड़ियों की भीड़ मार्किट में खरीददारों की संख्या का संकेत देती है। आसपास और भी कई पार्किंग प्लेस हैं।

विक्टोरिया मार्किट एक खुला बाज़ार है, ओपन शॉपिंग सेंटर, जहाँ से बड़ा-छोटा सामान, कुछ भी खरीदा जा सकता है। हैंगर से अलमारी तक, कपड़ों से गोटा-किनारी तक। विभिन्न संस्कृतियों का सज्जा-सामान उपलब्ध है।

चंडीगढ़ की सेक्टर 27 की जनता मार्किट, 19 की सदर मार्किट या सेक्टर 22 की शास्त्री मार्किट जैसा माहौल है। पर बहुत बड़े स्तर पर सामान में विविधता है स्तर में भी, जो चाहो सो पाओ। आगे भी, पीछे भी। दायें-बायें भी। इस सुपर विक्टोरिया मार्किट में खलबली है, हंगामा है। जोड़े, परिवार, इक्के-दुक्के चेहरे भी जरूरतें खरीद रहे हैं। दाम प्रत्येक सब्जी के, फलों के भी लिखकर लटकाए हुए हैं। तराजू हवा में झूल रहे हैं। जिसको जो चाहिए, रोलर पर से पॉलीथीन बैग खींचता है, भरना शुरू कर देता है। जिस चाह और शिद्दत से सामान भरा जाता है, उतना, उसी तरह तोल दिया जाता है। उसका भाव वसूल किया जाता है।

पीला तरबूज, खरबूजों के आकार के मोटे कीनू, सन्तरे, हमारे यहाँ मिलते केलों से दो गुना लम्बे और मोटे केले, अँगूरों की पेटियाँ। कितने ही नये तरह के स्थानीय फल और सब्जियाँ जिनके नाम मुझे नहीं मालूम, उपलब्ध हैं।

प्रैम में बच्चे, उनके साथी खिलौने, तेजी से बढ़ते कदम। सिगरेट के कश खींचती महिलाएँ खरीदारी में मस्त हैं।

हरी पत्तेदार सब्जियाँ, बीसियों तरह के छोटे-बड़े आलू और प्याज, गोभी, मूली, बैंगन, कद्दू, घिया, ताजा और स्वस्थ सब्जियों से बाज़ार भरा पड़ा है। एक ब्लॉक से दूसरे, फिर तीसरे में घूमते जाइये, हरी मोटी और कच्ची छल्लियाँ, अरबी, पत्ता गोभी, हरी नीली फूलगोभी यहाँ मिल जाएँगी। हफ्ते, आधे हफ्ते के लिए जैसी जरूरत हो, आप सब्ज़ी खरीद सकते हैं।

बाँधकर, पैक करके अपनी-अपनी गाड़ी तक सामान ले जाने में माहिर हैं लोग। गाड़ियाँ दूर पार्किंग में हैं, पर एक पुल-सा तना है बीच में।

''मैं किसके हाथ में
अपना लहू तलाश करूँ
तमाम शहर ने, पहने हुए हैं दस्ताने।''

धूप पूरी तरह जवान है, खिली और खुली। पर ठंड भी उतनी ही है। शीत हवाओं के कारण— धूप का एहसास कम है। उजाला चेहरों को और गोरा कर रहा है। गौरवर्ण आकृतियों का हुजूम मेले जैसा रूप ले रहा है। तम्बाकू की एक अजीब-सी गमक माहौल को गरमा रही है। मेम कितनी खुली है, बाज़ार में क्यों नहीं शरमा रही?

सब्ज़ी या फलों पर बोलियाँ, नीलाम के स्वर कानों में पड़ते हैं तो सेक्टर 26 की अपनी सब्जी मंडी याद आ जाती है। अचिन्त ने अंगूर, सेब, सन्तरों व तरबूज के साथ कई सब्ज़ियाँ खरीद ली हैं। मेरे आग्रह पर कुछ स्थानीय सब्जियाँ भी, जिन्हें बनाने-पकाने का भी वहाँ का अपना तरीका है, योगू बता रही है। घर-रसोई-सब्ज़ियाँ और फल, जरूरतें हमें गति प्रदान करती हैं।

...पर पीछे स्मृतियों में ये सन्तरे कौन छील रहा है? एक तीखी खुशबू है जो साथ-साथ तैर रही है। ताजा फलों पर चमक-दमक कायम है।

सेहत का राज़ यहाँ ताजा फल भी हो सकते हैं।

वापसी पर मनु का आग्रह है, समुद्र तट होकर चलें। लम्बा रास्ता तय करते हैं समन्दर के साथ-साथ। कुछ लोग लगातार भाग रहे हैं, मानो नियमित अभ्यास कर रहे हों। ऊपर सूरज है चमकता, फैला कार के शीशे उतारते हैं तो शीत हवा अन्दर घुस आती है। उस पार बस्ती है, मस्ती है। लहरों के पार दूर शान्त सागर अपनी गहराई की गरिमा का परिचय दे रहा है।

समुद्र साथी रहे तो जीवन में गहराई का स्थान बना सकता है, और चंचलता का भी!

धरती से आसमान तक गतिशील है कारवाँ! गाड़ी के आगे-पीछे गाड़ियाँ। सरकती भागती कारें लगातार आगे निकल रही हैं।

मैं मेलबर्न के भूत और वर्तमान में खोया हूँ।

पेड़ों की सर-सब्ज़ कतारें पर्यावरण की कथा कह रही हैं। स्मृतियाँ खुशबू में क्यों रह रही हैं?

यहाँ से मुड़ते-लौटते हॉपर्स क्रासिंग की ओर आ रहे हैं। बत्तियाँ, चौराहे, मोड़ और शान्ति। शहर कितना खामोश है!

पर सन्नाटा नहीं, एक सहजता है जनजीवन में।

घर खोलते हैं तो अन्दर राजमा चावल की गन्ध भूख जगा रही है। स्वीटी ने पीछे समय पर खाना तैयार कर रखा है। भोजन के साथ आमतौर पर यहाँ पानी नहीं, फलों का रस, जूस या फिर ठंडा पेय, ड्रिंक्स नियमित लिये जाते हैं।

धीरे-धीरे मैं भी फलों का सूप लेने लगा हूँ।

× × ×

स्थानीय समाज को पढ़ने-समझने के लिए मुझे मंडी, बाज़ार या मार्किट की तरह धार्मिक स्थलों का भी सहारा लेना होगा। यहाँ से अपने समाज की झलक निकट से पाने में सुविधा हो सकती है।

बैरिवी तक 20 मिनट की ड्राइव है। एक नये नानक मिशन, गुरुद्वारे के

लिए किसी सामुदायिक भवन में पहली बार श्रद्धालु आ जुटे हैं। मेलबर्न में यों कई गुरुद्वारे हैं, मन्दिर भी जहाँ पंजाबी, भारतीय इकट्ठा होते हैं। पर इस क्षेत्र की जरूरत है कि कहीं दूर न जाना पड़े। बाहर जितनी गाड़ियाँ हैं, उससे कहीं ज्यादा लोग भीतर हैं। हर आयु वर्ग के लोग।

सुखमणि साहिब का पाठ कीर्तन युवा चेहरों, लड़कियों-बच्चों, सभी को बाँध रहा है। लंगर-प्रसाद बतरताया जा रहा है, व्यवस्था और सियासत धर्म के साथ-साथ हैं। कुछ अपरिचित चेहरे मुझे हैलो कर रहे हैं। मन मुस्करा देता है।

संगठन का चुनाव हो रहा है। निश्चिन्त चेहरे सन्तुष्ट लगने लगे हैं। क्षेत्र पर अचिन्त का तेज प्रभाव है, इन्हें 'सदस्य' बनाया जा रहा है। वैज्ञानिक दृष्टिकोण और समाजसेवा मेरे सामने है। और पीछे है आज का बीता दिन। बच्चों, किशोरों को पंजाबी, गुरुमुखी, हिन्दी शिक्षण के साथ-साथ तबला, जोड़ी (हारमोनियम) की भी शिक्षा दी जा सकती है। उद्देश्य दूरगामी हैं। सोच रहा हूँ, ज्ञानी जी की तरह पंजाबी, देवनागरी तो यहाँ योगू भी पढ़ा सकती है।

और यहीं से रात नौ से साढ़े ग्यारह बजे तक हम यारा दरिया के साथ-साथ घूम रहे हैं। रेलवे स्टेशन के साथ-साथ खुली वादियाँ हैं, घाटियों-सी दरिया के किनारे ऊँचे-ऊँचे टॉवर्स हैं। गगनचुम्बी पार्किंग-स्थल खोजने में फिर दिक्कत हो रही है। कोई खिसके-सरके, इसके पीछे ही कार पार्क करने वाले तैनात मिलते हैं, नियमों की पालना करते हुए। एक कायदा है, जो अपनाया जा रहा है।

स्वीटी, मनु, अचिन्त, योगू के साथ चलते-चलते हम 'मैकडोनल्ड' देखते हैं। लाइन में खड़े होकर चिप्स चाय लेते हैं। बढ़ती सर्दी का अहसास होने लगा है। चाय ताज़गी देकर थकान कम कर जाती है।

संस्कृति की चकाचौंध माहौल में कायम है। ठंडी हवाओं पर अन्दर की गर्मी हावी है क्या? दिलों में कितना जोश है, हँसते-मुस्कारते चेहरे आत्मीय लगते हैं। तो क्या कहवाघर यहाँ रात बारह बजे तक खुलते हैं? रात-रात भर भी कुछ दुकानें खुली रहेंगी, बताया जा रहा है। बशीर बद्र के बोल याद आ जाते हैं—

हवा में ढूँढ़ रही है कोई हवा मुझ को
पुकारता है पहाड़ों का सिलसिला मुझको
मैं आसमानों-ज़मी की हदें मिला देता
कोई सितारा ज़रा झुक के चूमता मुझको।

.... और दूर जा रही रेल के झिलमिलाते डिब्बे मुझे लुभाने लगे हैं। खींचने।

❑

5

रेल, ट्राम या फिर बस सबके लिए एक ही टिकट

इरादा आज सेव-वे होकर स्थानीय स्टेशन देखने का है। कल से लगातार स्वचालित प्रक्रिया पर सोचता आ रहा हूँ। ऑटोमेशन ने यहाँ कायाकल्प कर रखा है।

पड़ोस में स्टेशनरी शॉप है, जिसमें डाकघर भी शामिल है। पत्रिकाओं की बाढ़ आयी हुई है। कला, बागवानी, फैशन, संस्कृति, सिनेमा या टी.वी. पर रंगीन खुली पत्रिकाएँ। भारी-भरकम अंक, वैसे ही दाम भी।

मोहाली बच्चों को फोन कर चुका हूँ। ममता, योगेश और हरमीत से बात होती रही है पर विस्तार से उन्हें लिखने-बताने का मन हो रहा है। पत्रों में अपना मन ही नहीं, स्थानीय परिवेश भी हम खोल रहे होते हैं। चिट्ठियों में चुप रहकर भी बोल रहे होते हैं। पंक्तिबद्ध होकर दस एयरोग्राम खरीदे हैं। भारत की तुलना में कहीं महँगे लगते हैं। सात डॉलरों में दस। पर लिखकर भेजने के बाद यही सस्ते लगने लगेंगे, मन से सुलह हो रही है।

डाकघर में बतियाते भाषा दीवार बनती है तो योगू को आगे कर देता हूँ। समस्या सुलझ गयी।

हम सड़क पार करके, जेबरा क्रासिंग से होकर मेन शॉपिंग सेंटर से आगे हॉपर क्रासिंग स्टेशन के बाहर हैं। आपके घरद्वार तक मेलबर्न की पहुँच। 'दि मेट' का कमाल। पब्लिक ट्रांसपोर्ट का श्रेष्ठ साधन है 'मेट सर्विस'।

आप चाहें तो रेल से ट्राम या फिर बस में भी, एक ही टिकट पर मेलबर्न में यात्रा कर सकते हैं। पर यह सुविधा पूरे आस्ट्रेलिया में मेलबर्न के लिए ही सुलभ है। यात्रा क्षेत्र कुल तीन ज़ोन्स में विभाजित है—एक पीला, दूसरा नीला और तीसरा लाल ज़ोन। इन्हीं रंगों में इसे हर कहीं प्रदर्शित किया गया है। समय सारणी से लेकर बसों-ट्रामों-रेलों तक में। रेलवे स्टेशनों पर भी रेल के हर डिब्बे में कई-कई जगह नक्शे उपलब्ध हैं—प्रदर्शित।

टिकट समयानुसार खरीदे जाते हैं—दो घंटों के लिए, दैनिक, साप्ताहिक, मासिक या फिर सालाना भी। पूरा भाड़ा और रियायती। बच्चों के लिए, विकलांगों व बूढ़ों के लिए आधा। छात्रों-शिक्षकों आदि के लिए भी शिनाख्ती कार्ड के आधार पर रियायती टिकट हासिल किये जा सकते हैं।

बस या ट्राम पर चढ़ते समय, रेलवे स्टेशनों पर अथवा शहर में 'मेट शॉप' पर आप टिकट खरीद सकते हैं। एलिजाबेथ स्ट्रीट से एक साथ इकट्ठे टिकट खरीदकर यथा सुविधा पंच करने का प्रावधान है। सारी जानकारी मुझे योगू दे रही है और मशीन पर समझा भी रही है। यातायात के ये तीनों साधन प्रातः पाँच से आधी रात तक सुलभ हैं। सोम से शनि तक यह सेवा सुलभ है और रविवार को सुबह आठ से रात ग्यारह बजे तक।

दौड़ते-भागते जीवन में कहीं तो गति है।

हाँ, बताते हैं कि रेल टिकटें न्यूज एजेंटों, कैमिस्टों, मिल्क बार और कुछ सामान्य दुकानों पर भी सहज सुलभ हैं।

ट्रेन में साइकिल, पराम्स, पुशरस, संफबोर्ड आदि यात्री ले जा सकते हैं। हेलमेट पहने हुए बच्चे साइकिल पर चढ़े-चढ़ाये रेल में प्रवेश पाते देखे जा सकते हैं।

रात्रि सेवा में सम्पर्क ट्राम और बसें सहज सुलभ हैं, बड़े छोटे स्टेशनों पर।

रेलवे स्टेशन पर कहीं कोई स्टाफ नहीं, कमरा नहीं। कंट्रोल रूम है। टिकट मशीन के साथ टाइम टेबल और मेट-नेटवर्क प्रदर्शित है।

ज़ोन एक + ज़ोन का टिकट चाहिए मुझे। पीले और नीले दोनों ज़ोन बटन पर दबाता हूँ। फिर दैनिक टिकट (टाइप) प्रेस करता हूँ। फिर सामान्य (आर्डिनरी) दबाकर सिक्के डालता हूँ तो तुरन्त टिकट बाहर आता है। दूसरे-तीसरे टिकट के लिए इसी प्रक्रिया को दोहराया जा सकता है। सिक्कों की जगह, नोटों वाली मोरी से आप पाँच या दस डालर का नोट इन्सर्ट करें तो टिकटों के आते-आते, बकाया वाली मोरी से लौट आती है और आपकी टिकट मशीन को स्वीकार न हो या कहीं दबाने में कमी रह जाये तो सिक्के या नोट ज्यों के त्यों आ जाते हैं। सुरक्षित वापसी मशीन का धर्म है।

डॉलर के नोट प्रायः प्लास्टिकनुमा कागज के होते हैं जिन्हें न मोड़ने की हिदायत शायद इसीलिए दी जाती है कि मुड़े-तुड़े नोट मशीनें स्वीकार नहीं करतीं।

योगू विस्मित है कि एक बार बताने पर ही सिस्टम समझने लगा हूँ और टिकट निकालने में मुझे दिक्कत नहीं होती।

अब इसी टिकट को वेलिडेट करना है। एक और मशीन साथ ही लगी

है, इसमें डालने पर टिकट समय, तारीख अंकित करके लौट आती है और प्रवेश द्वार खोलती है।

इन्सान को सोचने-समझने के लिए खाली करके, मशीनों ने मनुष्य को मुक्त कर दिया। आदमी मशीन का निर्माता है, उसे सक्रिय करके चकित-सा देखता रह जाता है कि वह कुछ बेहतर करे, और बेहतर सोच पाये। ऑटोमेशन में बेकारी का अनुपात मैं अनुमान करने लगा हूँ। शुक्रवार यहाँ 'वीकेंड' हो जाता है। जन मानस को सुहाता। तफरीह की शुरुआत करता।

रिलैक्स होते रिश्ते, बाहर की शाम, खुलेआम, रात देर से घर लौटने का इन्तजाम।

हम मेलबर्न सेंट्रल सिटी तक आ रहे हैं।

राह भर दीपमाला से सजे महानगर में से होकर रोशनियाँ खींच रही, बाँध रही हैं। ऊपर पुल से शहर बिखरा-फैला-दौड़ता जान पड़ता है। इस गति से सब कहाँ भागे जा रहे हैं।

हमारा लक्ष्य क्राउन होटल है।

छह तलों में ही कार पार्किंग है, विस्तृत फैली हुई। हर तल पर पार्किंग पाने में मुश्किल आ रही है। असंख्य गाड़ियाँ लगी हैं। जो निकलती हैं, उनके पीछे लगने को तैयार तैनात रहती हैं।

दो तलों पर घूमकर ऊपर चढ़ते बार-बार घूमना पड़ता है। हरेक ब्लॉक में गाड़ियाँ लगी हैं, अचिन्त एकाएक टर्न लेकर एक पार्किंग सुरक्षित कर लेते हैं।

यहाँ का तल, गेट नम्बर, ब्लॉक नोट करके, हम लिफ्ट से नीचे उतरते हैं।

मुख्य द्वार आकर्षक ही नहीं, लुभाता भी है। रंगों और रोशनियों का संगम जलता-बुझता दिखता है। कृत्रिम बादलों के खेल, भाप का कमाल बेमिसाल है। अनगिनत जोड़े डूबे, तैरते शाम को सहेज रहे हैं। कौतूहल भरे अन्दाज में घूमता हूँ। दायें-बायें एक अपेक्षाकृत नयी संस्कृति खुलने लगी है। रोशनी में पहनी प्रत्येक पोशाक घुलने लगी है।

ऊपर गैलरी, उससे ऊपर गलियारा, उससे भी ऊपर चौबारा। पंचतारा होटलों से कहीं ज्यादा भीड़ है क्राउन कैसीनो में।

''ये हँसी खुशी के चिराग हैं, इन्हें दामनों की हवा न दो
इन्हीं हँसते चेहरों की ओट में कोई दिल भी होगा दुखा हुआ।''

शायर बशीर बद्र ने पता नहीं किस मानसिकता में ये पंक्तियाँ रची होंगी, मुझे पाश्चात्य सभ्यता पर मौजूँ लग रही हैं।

कई मील रेत को काटकर कोई मौज फूल खिला गयी।
कोई पेड़ प्यास से मर रहा है नदी के पास खड़ा हुआ।

जुआ घर खुला है।

दाँव लगाने वालों का दिल भी। जोश और खरोश का आलम हाथों के जाम दे रहे हैं। आँखों में शाम ठहरी है यहाँ। आस और उमंग इन्हें खेलने पर विवश करती है या लत के मारे यहाँ हाजिर हैं सब।

और ये लत की मारियाँ?

मेरा किसी विदेशी कैसीनो में पहला अनुभव है। सामने दरबान ने एक सहज लगते भारतीय को टोका है, जो कैजुअल ड्रेस में है। नाइट क्लब में प्रवेश के लिए उसकी माकूल यूनिफॉर्म रुकावट बन रही है। सिर पर से टोपी उतारने को कहा गया है। उसने बिना तस्मों के पंप शू पहन रखे हैं। ट्रेक सूट में उसे 'अन्दर' नहीं जाने दिया जा रहा।

विधि-निषेध पर पढ़ा-सुना बहुत कुछ है, आज यहाँ मेलबर्न में देख भी रहा हूँ। खेलघर मशीनें, कम्प्यूटर्स, जलती-बुझती रोशनियाँ, डॉलरों की छलाँगें, जायक-वार्ड और बहुत कुछ ऐसा ही। वैसा ही जैसा यहाँ हो सकता है, जैसा यहाँ होना चाहिए।

परेशान हूँ जीत-हार की सीढ़ी समझता। अचिन्त समझा रहा, दिखा रहा है। नये नुक्ते बता रहा है। कलकत्ता, बम्बई के कैसीनो से कितना अलग और व्यस्त माहौल है यहाँ का। बगल में बाँहें हैं, जिनकी गर्मी हारने नहीं देती। प्रेरणा के साथ, समानान्तर दाँव चल रहे हैं। सिगरेटें सुलगाते, पेशानी पर भार बढ़ाते।

उधर मूवी हाउस है।

इधर शी-है।

और बड़े-बड़े खुले बाज़ार-सी दुकानें। शोरूम। काउंटर जिन पर सजी हैं वस्तुएँ—लुभाती, बुलाती, ग्राहक हथियाती।

वार-रूम सर्विस जारी है।

कैश-क्रेडिट कार्ड ए टी एम मशीनों तक सरक रहे हैं।
डॉलर-दर-डॉलर मार्किट का मिजाज गर्म है।
यहाँ किसी को किसी की नहीं शर्म है।
जीत-हार का यही तो एक मर्म है।
कानों में मुरकियाँ हैं कुछ लोगों के
कइयों ने सिर बिल्कुल घुटवाये हुए हैं।

सफेद कॉलरों, गहरे गलों की पोशाकों वाली तरुणियों का यौवन सँभाले नहीं सँभल रहा।

शाम मचल रही है।

रात कहाँ ठहरेगी?

गति में लक्ष्य झाँकता है।

मन मानो एक-एक को आँकता है।

हाथों में हाथ बहुत सहज बात है।

बगल में लटके कसे हाथ किसे खींच रहे हैं?

झूल रहे हैं साथी, संगीत के साथ। जारी है अभियान, नये प्राण के साथ।

धुएँ में भला यह क्या उड़ा है?

सिगरेट-से राख-सा क्या झड़ रहा है?

कशों-पे-कश किसी कश-म-कश को सुलझाने के लिए हैं या उलझाने के लिए? स्नैक बार से एक तीखी गन्ध उभर रही है।

भूख को जगाने की यहाँ कितनी कलाएँ हैं?

बड़े-बड़े पोस्टर। रंगीन चेहरों को दीवारों पर अधिक नुमाया कर रहे हैं।

एक रास्ता थ्री-डी की ओर ले जाने वाला है। एक मर्म सत्य को सहलाने वाला भी।

मेलबर्न की सभ्यता के कितने मुखौटे हैं?

मुखौटे धीरे-धीरे क्यों हिलते हैं?

मुखौटों में चेहरे कहाँ मिलते हैं?

बाहर द्वार पर कोई नयी धुन कलार्नेट पर निकाल रहा था।

जीवन की धुन से यह कहाँ-कहाँ मेल खाती है? उल्टी टोपी में फरियाद थी कला-प्रोत्साहन की। कला, जीवन और समाज की त्रिवेणी पर सोचने लगा हूँ।

कलार्नेट पर उभरी धुन गूँज उठती है।

पेट और परम्परा क्या परमात्मा तक ले जाते हैं? नयी रची अपनी कविता की पंक्तियाँ महानगर के सन्दर्भ में गुनगुनाने लगा हूँ—

"जहाँ रोशनी की रफ्तार से
निकलता है दिन
और रात चौबीसों घंटे, हफ्ते भर
जुगनुओं-सी, चेहरे बीनती रहती है।

उपनगर के इसी हॉपर क्रासिंग से
मुखातिब हूँ मैं
कि जितने भी रंगों में
रचा गया है मौसम महानगर का
साँसों में उम्र भर-भर कर भी
क्या कोई उसे दिखा सकेगा?"

और यह कविता फोन पर जया शर्मा ने खूब पसन्द की थी।

कहीं-कहीं कोई पगड़ीधारी क्राउन में देखता हूँ, कौतूहल से।

चट्टान से दिखते गोरों के ठोस चेहरे भीतर से कितने कोमल हो सकते हैं। इन्सान की संवेदना ही तो उसे घायल करती है, कायल करती है। कोमल मुद्राओं में घायल चेहरे कभी खेलते हैं, कभी भागते हैं—जीतते या हारते हुए। दाँव पर कुछ भी लगाने की कला कोई यहाँ से जान सकता है।

होटल कल्चर से अलग है कैसीनो संस्कृति। कैसीनो संस्कृति से अलग हैं यहाँ के बाज़ार भाव। मनोरंजन के माकूल मौके मस्त तो रखते हैं, भीतर से कहीं डसते भी हैं, महानगरीय मुखौटों की तरह।

मेलबर्न की सड़कें एकाएक लगता है घूमती, इठलाती, क्राउन को स्पर्श करती, इसके सामने से निकलती हैं।

सड़कें ढोती हैं जन-जीवन।

जन-जीवन खुलता है खेल और मेलजोल की संस्कृति में।

ये इतनी आकृतियाँ मानवीय संस्कृति को ही तो उभारती हैं।

टोलियों में चलते परिवार, जनसमूह कुछ-न-कुछ नया दिखा जाते हैं।

अचिन्त, योगू और मैं अपने लिए कोई उपयुक्त स्टॉल खोज रहे हैं।

अन्दर जितनी गर्मी थी माहौल और मुखौटों की, बाहर उतनी ही ठंड बढ़ रही जान पड़ती है।

एक्सेलेटर-सीढ़ियाँ चढ़ते-उतरते हम कई मंजिलें पार करके छठे तल पर गाड़ी खोज रहे हैं। ठंडी हवा के झोंके हमें दोहरा कर रहे हैं। एक-दूसरे में धँसते जाते हम भीतर वाली संस्कृति के शिकार लगने लगे हैं।

❑

6

प्रवासी बच्चों को लुभाती हैं शैक्षणिक संस्थाएँ

अमीर देश का खुला चेहरा मेरे सामने है। अमीर देश के खुले लोग भी। यह अमीरी, यह खुलापन कुछ सवाल मेरे सामने खड़े कर रहे हैं।

उस रोज मीनाक्षी से खूब लम्बी बात हुई थी फोन पर। ग्लैन बेवर्ली में है मीनाक्षी। पति और बच्चों के साथ। इधर हमारी सहयोगी थी, शिक्षा के क्षेत्र में भी। उधर सपरिवार गयी। डॉल ले रही है। डौल और अपनी कर्मठता के आधार पर ही बच्चों को शिक्षा दे रही है। पति अभी खास कुछ नहीं करते और करने के नाम पर स्वयं भी कहीं नहीं लग पायी।

पर यहाँ आकर उच्च शिक्षा प्राप्त करने में लगी है मीनाक्षी—गणित में एम.एससी., एम.फिल.। भारत से आस्ट्रेलिया, मेलबर्न आकर कुछ डिप्लोमा कोर्स किये हैं, छोटे-छोटे। एक एम.ए. भी फाइनान्स ऐंड कॉमर्स में। यूनिवर्सिटी ऑफ मेलबर्न से शिक्षा के क्षेत्र में आगे उसका उच्चतर अध्ययन चल रहा है। पर रोटी-रोजी के लिए?

मीनाक्षी का नज़रिया साफ रहा है। दोस्त इसकी योग्यता की दाद पंजाब में भी देते थे। यहाँ भी एक पैनी दृष्टि और सुलझा दृष्टिकोण लेकर ही वह आगे बढ़ रही है। रविवार 11 जून, '98, मीनाक्षी ने नक्शा समझाते हुए अचिन्त से हमें यहाँ ले जाने का आग्रह किया था। बल्कि योगेश्वर से भी पिछली बार मीनाक्षी की कुछ मुलाकातें धार्मिक स्थलों में इधर होती रही हैं। मेलबर्न की हवा इसे अभी नहीं लगी।

हॉपर्स क्रासिंग से ग्लैन बैवर्ली कोई एक सौ किलोमीटर बतायी जाती है, पचासेक मिनट की ड्राइव। मेलबर्न पहुँचने के बाद पहली बार किसी के यहाँ जाने के लिए निकल रहे हैं। सभी में एक उत्साह है।

उत्साह है बच्चों में कि बाहर घूम पाएँगे। स्वीटी और मनु अनुशासन में बँधे छात्र हैं, पर भ्रमण को लेकर छोटे-बड़ों का नजरिया एक जैसा ही तो होता

है। नटखट व शोख व्यक्तित्व वाले बच्चों के लिए ही तो शायर ने कहा होगा—

''जुगनू को दिन के वक्त
पकड़ने की जिद्द करें।
बच्चे हमारे दौर के
चालाक हो गये।''

सिटी में होकर निकल रही है टोली। अचिन्त जगहों, भवनों, लोगों के बारे में चर्चा करते सौ की स्पीड पर फोर्ड चला रहे हैं। पेट्रोल पम्प से आगे थोड़ा परिचित लगने लगा है रास्ता। सुन्दर, साफ व चौड़ी सड़कें। ऊपर विस्तृत फैला रंगीन आकाश। दूर तक फैले, छितराते-इतराते बादल भी कहीं-कहीं हाज़री लगवा रहे हैं। हवा में ठंड तो जारी है ही।

घर से चलते समय शायद कार्डियान झील का लक्ष्य भी बच्चों का आकर्षण रहा होगा। फलों के रस के बड़े-बड़े डिब्बे। चाय की गर्मी बनाये रखने वाली बड़ी थर्मस। मिठाई, नमकीन और सूखे मेवों के अतिरिक्त मौसम के ताजा फल भी। पिकनिक का सामान, यायावरी मूड और ग्लैन बैवर्ली होकर कार्डियाना लेक का पिकनिक स्थल। भीतर कार में अचिन्त के पसन्दीदा गीत-ग़ज़लों के कैसेट, संगीत के साथ हम पाँचों को ही अपने साथ शरीक किये हुए हैं।

प्रिंसेस रोड, सिटी सेंटर, लम्बे और बड़े फ्लाई ओवर के बाद, ऊँचे मीनारों-टॉवरों को देखते हम आगे बढ़ रहे हैं। कोई एक घंटे के भीतर ही बागों, रंगीन फूलों की वादियों को पार कर हम एक चर्च के पास रुके हैं।

साइड पर गाड़ी लगाकर अचिन्त 'मेलवे' खोलते हैं और नक्शे में जगह खोजने की सहायता पाने में सफल हो जाते हैं। सड़कों का बड़ा जाल बिछा है मेलबर्न में। मेलवे गलियों-चौराहों व उपनगरों के मुकाम-स्थान बताने की मार्गदर्शक पोथी है— बड़ी, टेलीफोन डायरेक्टरी जैसी।

आगे मार्किट के बहुत पास मीनाक्षी का घर, सड़क पर ही। और सामने खुला बड़ा पार्क है। साढ़े ग्यारह बजे हमें दस्तक नहीं देनी पड़ती—मनोहर-मीनाक्षी-इमरोज और अमितोज घर के सभी सदस्य दरवाजे से बाहर आकर हमें 'रिसीव' करते हैं।

प्रवास में स्वदेशी संस्कृति भला किसे नहीं भाएगी। सभी आपस में मिलते हैं, और खूब चाव के साथ, जो चेहरों से झलक रहा है। मनोहर, मीनाक्षी के पति से भी, इधर मोहाली में ही पहले कई बार मिला हूँ। अचिन्त-योगेश्वर और मनु-स्वीटी भी मीनाक्षी परिवार के पूर्व परिचित हैं। घर प्यारा है, करीने से सजे

ऑडियो-वीडियो कैसेट मेरा ध्यान खींचते हैं। यह किसकी पसन्द होगी भला?

दीवारों पर लगे स्मृति-चित्र पंजाबियत, भारतीयता के सूचक हैं। बैठक को मानो इसी मुलाकात के लिए सजाया गया है। पर नहीं, सौन्दर्यप्रियता व कला-साधना तो आज बच्चों में भी खुलकर देखने को मिलती है।

गर्मागर्म कॉफी, ड्राइफ्रूट और पकौड़े लेने के बाद जोड़ियों में संवाद खुलने लगता है। मनोहर व अचिन्त स्थानीय सियासत, प्रवास नीति पर चर्चा करने में लगे हैं। चारों बच्चे अन्दर कम्प्यूटर पर खेल रहे, खेल देख रहे हैं। मीनाक्षी, योगू और मैं शिक्षा जगत, यात्रा और पीछे पंजाब की चर्चा कर रहे हैं।

गणित वाली मैडम का गणित यहाँ अभी जमा ही है शायद! बच्चे आकर निकलने, चलने पर जोर देने लगे हैं।

मीनाक्षी ने शायद पहले से सारी तैयारी की हुई है। वे अपनी गाड़ी की डिक्की में उसी तरह खाद्य सामग्री भरवाती हैं और बच्चों सहित कार में सवार होकर गाड़ी आगे लगा लेती हैं। मनोहर ड्राइव कर रहे हैं कार्डियाना लेक की ओर।

लगभग दो सौ किलोमीटर सरक आये हैं, डेढ़ घंटे में। मनहर नज़ारों, दूरियों-नजदीकियों का खेल खेलते हमारी गाड़ियाँ ऊपर, ऊँचाई पर चढ़कर पार्क होती हैं, असंख्य दूसरी कारों के साथ। जीवन-शैली और ज़िंदादिली की महक आने लगी है। बच्चे बाँध के छोर तक निकल जाते हैं। कृत्रिम झील का माहौल लुभावना है।

सागर का पानी ही इस्तेमाल हो रहा है शायद झील के लिए। नीचे सड़कें हैं, बराबर भी। दूर तक चरागाह फैली है, हरे विस्मृत शामियाने-सी। चंचल कँगारू खेल रहे, कूद रहे, फलाँग रहे हैं। कँगारू को आस्ट्रेलिया के राष्ट्रीय जानवर का सम्मान प्राप्त है। कँगारू और कोइला यहाँ की धरती के गौरव हैं। यहाँ के लोगों के मन भी ऐसे ही चंचल हैं क्या?

एक पूरा चक्कर आने-जाने का कार्डियाना लेक के साथ पूरा कर लेने पर पाते हैं कि जोड़ा-जोड़ा प्राण कड़कती सर्दी में, यहाँ-वहाँ बैठे-लेटे या अधलेटे हैं। इस अधलेटी संस्कृति को आप क्या नाम देंगे? दिलों की धड़कन बढ़ती चलती है और जहाँ बैठे, लेटे थे, वहीं से लौटते-चलते हैं। एक अलग-सा यह चलन भी अब तो आम-सा हो गया। पर यहाँ बहुत कुछ ख़ास भी तो है—'वार वी क्यू' जैसा।

डफ्फी एरिया में 700 मीटर की चढ़ाई पर एक और पिकनिक स्पॉट है। ऊँचे-घने पेड़, पतली पगडंडी को पार करके, जंगली-से लगते क्षेत्र के बाद,

समतल विस्तार। यहाँ खाने-खिलाने के सिलसिले के लिए गैस की भट्ठियाँ लगी हैं—अलग-अलग तवा युक्त। अपने-अपने वाहन में लाया गया गोश्त, पकवान, यहाँ गर्म होता है। तवी या कड़ाही चढ़ती है, पकवान बनते हैं। अपने-अपने देश की विधि, प्रथा के अनुसार। पुरुष वार-वी-क्यू पर तैनात हैं, तलते या भुनते समय। पत्नी परोसती है, परिवार खाता है। यह पाश्चात्य जीवन शैली का एक अलग अन्दाज, 'वीक-एंड' पर अक्सर देखने को मिल सकता है। जब गाड़ी के पीछे कारवाँ बाँधकर, सामान भरकर, 'आउटिंग' की जाती है। बनाने-खाने की यह प्रक्रिया गैस चूल्हे की सुविधा मुहैया करवाती है, जिससे खान-पान, सर्दी को देखते, आसान हो जाता है।

हमारी डिक्की में भी भरे थे फल और जूस। मीनाक्षी की गाड़ी में भी। चटाइयाँ बिछती हैं। फिर उस पर चादरें। प्लेटें सजती हैं। पकौड़े, प्लेटों में रोल्ट, सूखे मेवे छके जाते हैं। चाय-कॉफी के साथ बच्चे फल व जूस पाकर सन्तुष्ट हैं। भागने, खेलने निकल जाते हैं—कंगारुओं की फौज के पीछे। किसी मादा कंगारू ने काट खाया तो?

ग्लैन मार्किट सुपर बाज़ार है। बड़ी मार्किट के चार तलों में से मुश्किल से दो तल ही घूम पाये हैं। थकान होती लग रही है। एक्सेलेटर सीढ़ियों पर चढ़ते मीनाक्षी के घर की ओर लौटने का मन है, जहाँ से कुछ दस्तावेज पाने हैं। शहर की विस्तृत जानकारी, यहाँ की संस्कृति पर सामग्री देखना चाहता हूँ।

बातों-बातों में मीनाक्षी अपनी पकड़ आस्ट्रेलियन सूझ के बारे में स्पष्ट करती है कि यहाँ शिक्षा भी एक उद्योग है, जिसे निर्यात किया जा रहा है। ऊँची महँगी फीस वसूल की जाती है। तरह-तरह की शैक्षणिक संस्थाएँ विज्ञापनों द्वारा सैकड़ों देशों से छात्र-छात्राओं को आकर्षित करती हैं। प्रवासी शिक्षार्क्षियों के रहते पर्यटन भी सहज ही बढ़ता है। बाज़ार, फैशन, क्रय सभी में योगदान रहता है पढ़ने वालों का। पर्यटन को बढ़ावा देने का एक माध्यम शिक्षा-पाठ्यक्रम भी है।

छोटे-छोटे डिप्लोमे, डिग्रियाँ, प्रमाण-पत्र, विश्व स्तर पर खुलते-फैलते हैं। मीनाक्षी का यह दृष्टिकोण और अध्ययन मुझे दिलचस्प लगने लगा है। पर कितनी मीनाक्षियाँ हैं जो यहाँ आकर, स्थापित हो पायी हैं? राजनीति, नीति की जकड़-पकड़ कसती जा रही हैं। नियमों-उपनियमों में अब पहले जैसी ढील नहीं रही।

भोजन पर फिर अनिवासी चर्चा हावी है। मनोहर अपना मत पेश करते हैं। अचिन्त की वैज्ञानिक सोच कुछ दूसरी है। मीनाक्षी को मैं सुन रहा हूँ। धाराप्रवाह बोलने का उसका अन्दाज कुशल प्राध्यापिका का परिचय दे रहा है।

एक-दो बार मीनाक्षी पिछले चारेक वर्षों में भारत-पंजाब आकर लौट भी

चुकी हैं। पर बच्चे वहीं अध्ययनरत हैं। पति को व उसे प्रतीक्षा है नौकरी की। काम के भरोसे वे नौकरी तक पहुँच ही पाएँगे, इसी पक्के इरादे की दाद देता हूँ।

मीनाक्षी का मकान सुन्दर है। उसकी प्रतिभा, उसके व्यक्तित्व की तरह। लगन, संघर्ष और महत्त्वाकांक्षी इरादे उन्हें सफलता देंगे। इसी शुभकामना के साथ रात आठ बजे हम विदा लेते हैं।

❑

7

साल भर मनाये जाते हैं त्योहार

शब्दों की जुगलबन्दी और अर्थों का आशियाना खोजने वालों के लिए भी आस्ट्रेलिया एक जन्नत हो सकती है। मेलबर्न का मुखर मुहावरा मुझे यही समझा रहा है और यह अच्छा भी है। हर यात्रा एक खोज ही तो होती है। सत्यों-संकल्पों और संस्कारों की खोज के लिए मुझे पहल करनी होगी। और मैं फोन का सहारा लेता हूँ। नये क्षितिज-सकारात्मक स्वर मेरे कानों तक पहुँचाते हैं। परिचय या पहचान का स्वर दोनों के लिए उपयोगी हो सकता है।

मौसमों का महोत्सव मेलबर्न की मज़बूती जान पड़ता है। सालभर त्योहार चलते हैं, किसी-न-किसी बहाने। दिसम्बर से मार्च तक गर्मियों में, जैसे पूरा शहर ही 'बीच' पर होता है, अपने-अपने बीच पर। पतझड़ में पेड़ों के बदले रंग और सूखी झाड़ियों के ढंग अपना लुभावना करिश्मा प्रस्तुत करके प्रकृति को परोसते हैं। जून से अगस्त तक सर्दी में जीलांगवूल के साथ चटखते, ढके धरे पेड़ शहर को उष्णता प्रदान करते हैं। और बसन्त! सितम्बर से नवम्बर की बासन्ती छटा कार्निवाल, घुड़दौड़ व मेलों-मंगलोत्सवों को मनाने में बीत जाती है। पर यह शहर तो मानो एक ही दिन में चार-चार मौसम भोग लेता है। यही है कुदरत का खुला खज़ाना।

सड़क संस्कृति का निराला रूप देखते योगू और मैं, भूगोल समझ रहे हैं, जरूरतों की जानकारी के लिए। एक जोन की टिकटें हैं हमारे पास। असंख्य लोग अपनी कारें रेलवे पार्किंग में लगाकर रेल द्वारा गन्तव्य तक जा रहे हैं। साफ-सुथरी वातानुकूलित गाड़ियाँ, आरामदायक सीटें। खुली शीशेवाली खिड़कियों से दिखता संसार प्यार और घृणा का व्यवहार खोल रहा है। योगू कैमरे से तस्वीरें खींच रही है। लगता है स्थिति विशेष ने कहीं उसे आकर्षित किया है।

एयरक्राफ्ट स्टेशन तक जोड़ों-जोड़ों में किशोर नज़र आ रहे हैं। खाली

हाथ व बस्तेवाले ये छात्र दिखते किशोर व किशोरियाँ, अपने-आप में मस्त हैं। एक उजास है इनके चेहरों पर और पैरों में गति। रेल में बैठा ही देख रहा हूँ। अनेक सवारियाँ स्टेशन के बाहर लगी बस में सवार हो रही हैं। उनकी मंजिल शायद कहीं और आगे है।

बैरिवी टर्मिनल है। एक ज़ोन की गाड़ी यहाँ तक आती है, यहीं से चलती है। प्लेटफार्म से नीचे, सीढ़ियाँ उतरकर, भूतल से होते हुए ऊपर आना होता है। रोशनी का विस्तार दिन को कितना उजला कर रहा है। उजले दिन में चेहरे, गोरे व काले और उजले लग रहे हैं। 'मेडिकेयर' के लिए हमें स्वास्थ्य विभाग के दफ्तर तक जाना है। सड़क पार करके बाज़ार में से निकल रहे हैं। दुकानें आकर्षित करती हैं। बड़े खुले शीशों द्वारा अन्दर का संसार जैसे बाहर झाँक रहा है।

'लांडरी, ड्राइक्लीन वाले, शू स्टोर, स्टेशनरी, ज्वैलर्स, रेडिमेड गारमेंट की दुकानें भव्य हैं। एक सब्जी और फलों की बहुत बड़ी दुकान से होकर निकलते हुए कई स्थानीय सब्जियाँ, पत्तेदार भी, देखने को मिलती हैं।

'हैलो!' एक हँसमुख दम्पती ने हमें पूछा है। मुस्कान व संवाद का स्तर पसन्द आया। 'योगू! क्या ये तुम्हें पहचानते हैं।'

'नहीं। बस, यहाँ, यूँ भी सम्पर्क बनते हैं, हैलो-हाय में।'

अच्छा! अनजान भी परिचित-सा होकर मिले, विश करे, तो कितना भला लगता है। तनावहीन सम्बोधन को 'विश' करके हम आगे हो जाते हैं। योगू ने 'पर्मानेंट रेजीडेंसी' के लिए अप्लाई किया। मेडिकेयर कार्ड 'अपडेट' नहीं हो पाया है। घर, अचिन्त के पते पर पत्र आया पड़ा था, उसी सिलसिले में हम आये हैं। सरकार नागरिकों के स्वास्थ्य का ध्यान रखती है। 'मेडिकेयर' कार्ड द्वारा नागरिक अस्पताल में, क्लीनिक डिस्पेंसरी में, चिकित्सक से परामर्श कर सकते हैं।

योगेश्वर दफ्तर के भीतर तक मुझे ले आयी है। एक सिरे पर कुर्सी खींचकर मैं निहारता हूँ। सहज भाव से एक-एक करके लाइन में उपभोक्ता काउंटर तक आते हैं। इत्मीनान से पूरी बात कहते हैं। प्रतिप्रश्नों का उत्तर सुनकर रजिस्टर पर सूचनाएँ अंकित नहीं होती, कम्प्यूटर में फीड कर दी जाती हैं।

योगू का नम्बर आया तो उसने अपनी बात कही है। अटैंडेंट ने काउंटर पर फोन द्वारा शायद अन्दर से कोई जानकारी ली है।

देखते-ही-देखते पुरतपाक मेडिकेयर कार्ड उसे हँसते हुए थमाया और 'थैंक्यू' कहा। हमारे यहाँ काम करवाने वाला धन्यवाद करता है। यहाँ करने वाले आभार जता रहे हैं। देश और नागरिकता में विश्वास पुख्ता होने लगा है।

योगू खुश है। मैं भी। बाहर निकले हैं तो सड़क पर लगी बेतहाशा गाड़ियाँ पाकर दंग हैं। बाज़ार करने आये लोग कार का सहारा ही लेंगे। सामान ढोने में भी सहायता मिलेगी।

ये मुस्कानें, हँसोड़ चेहरे कितनी कहानियाँ कह रहे होंगे?

देखते और सोचते मन भाग रहा है। अपने दफ्तरों का तंत्र सामने खुल नहीं पाता। आस्ट्रेलिया का कल्चर, जी जान से काम आने, काम करने की जुम्बिश, प्रेरित कर रही है।

बस में बैठते हैं तो नयी टिकट की जरूरत नहीं। रेलवाली टिकट ही यहाँ चल सकती है। लोकल बसों में भीड़ कम है, शायद दोपहर के कारण। ठंडी हवाएँ अब भी शरीर को इकट्ठा कर रही हैं। बस कंडक्टर-कम-ड्राइवर बीमार, बूढ़ों या बच्चों के लिए देर तक भी बस रोके रखते हैं।

आगे एक 'प्रैम वाली लेडी' ने हाथ दिया है। ड्राइवर महिला ने बस रोककर, नीचे उतरकर प्रैम समेटकर भीतर बस की सीट पर रखी है, जहाँ लेडी, बच्चे (शिशु) को सँभालती आराम से आ बैठी है। एक बार हैरत हुई! पर सब यहाँ ऐसा ही तो है, सहायक सेवा भावना-सा।

दिन में बाज़ार-संसार व्यस्त है। मस्त भी। अपने-अपने काम से काम। मार्किट का नाम है बैरिवी प्लाजा। सुपर मार्केट में बच्चों के लिए अलग से बेबी प्लाज़ा है जिसमें शिशु, छोटे बच्चे-बच्चियों की तमाम जरूरतें 'एक ही जगह' मिलती हैं। तरह-तरह के कपड़े, खेल-खिलौने, पोस्टर, टब न जाने क्या-क्या। टॉफियाँ, चाकलेट सौ तरह के आकर्षक पैक में।

चीनी, मलेशियन, जापानी, आस्ट्रेलियन युवतियाँ शोरूम सँभाल रही हैं। कम्प्यूटर, टी.वी. हरेक दुकान पर हैं। जैसे मुस्कान के साथ ग्राहक का स्वागत इनका धर्म हो। हाँ, कहीं-कहीं लड़की फोन पर व्यस्त है देर तक, तो खरीदारी की अदायगी के लिए आपको 'देर तक' प्रतीक्षा भी करनी पड़ सकती है और ग्राहक करते भी हैं।

एक ओर कैमिस्ट, मेडिकल शॉप हैं कई। उधर कई स्नैक्स बार है। गोलाकार। नान-वेज ही चलता है, आमतौर पर हम शाकाहारी चाहते हैं कुछ, पर ठीक से समझा नहीं पाते। चिप्स, पोटेटो केक के साथ चाय लेते हैं। घूमते-फिरते थकान कुछ राहत देती है।

चारों ओर भरा-पूरा है सबकुछ। घूमकर देखता हूँ तो जवाहरात-हीरों की दुकान सोनी, रिजैक्ट शॉप जैसा कुछ दिखाई देता है। कैसी मायानगरी है प्लाजा मार्किट। बस लेकर बैरिवी से वापस हॉपर क्रासिंग पहुँचते हैं तीनेक बजे तक।

गोगा आया हुआ होगा। स्वीटी को पैंट, मनु को बूट दिलवाने हैं। इसीलिए खाना खाते ही बाजार के लिए फिर से कमर कस लेनी पड़ती है। माइक्रोवेव ओवन से गर्म किया खाना, थके होने के बावजूद ज्यादा स्वाद लगता है।

एक पोकी से परिचय करवाया जाता है। गैम्बल गेम, नयी आलीशान इमारत में घुसते हैं तो अजीब-सी गन्ध आने लगी है। सिगरेट-शराब और मांस के तले जाने की गन्ध ने सावधान किया है।

बीसियों मशीनें हैं पोकी खेलने की। मिनी कैसीनो है क्या यह? अचिन्त समझाते हैं। लाइन में लगकर उसने डॉलर नोट देकर सिक्के लिये हैं। काउंटर गर्ल तोलकर प्लास्टिक गिलास में सिक्के थमा रही है।

एक दस पैन्स वाली पोकी पर अचिन्त ने मशीन में सिक्के डाले हैं। धड़ाधड़ राशि के क्रैडिट उभरते हैं। अब 'की बोर्ड' पर एक से नौ तक छपे अंकों में से बेट (शर्त) का चुनाव करना है। शर्त खेलते हुए कम्प्यूटर काम करता है। मनोरंजन और टाइमपास के साथ हार-जीत चलती रहती है। क्या आलम है?

हार या जीत जीवन का एक हिस्सा है। पर यह किस्सा सिर्फ जय-पराजय तक सीमित नहीं। चारों तरफ देखकर पाता हूँ कि यहाँ सम्बन्ध बनते हैं, सम्पर्क भी। मनोरंजन होता है, टाइमपास भी। विजेता यहाँ लगातार खेलता रहना चाहेगा और पराजित? बताया गया कि सामने पोकी पर एक लेडी फेंट हो गयी थी और बेहोशी का कारण था—हार। यह हार और जीत का व्यवहार यहाँ डॉलर की खनक में चुँधियाता है। होश गुम करते आदमी या औरत को जुआरी बनाता है। पर माहौल बताता है कि यह भी यहाँ का मुहावरा है। संस्कृति का एक हिस्सा।

शिक्षक हूँ। यहाँ के पुस्तकालय, विश्वविद्यालय देखने की उत्सुकता है। यहाँ कार्यशैली हमसे कितनी भिन्न है? विक्टोरिया यूनिवर्सिटी, मेलबर्न विश्वविद्यालय, मोनाश, लाट्रोव—कितनी ही यूनिवर्सिटीज़ हैं, जिनका नाम सुन रखा है, और जिनकी महँगी शिक्षा विश्व में दूर-दूर तक सुनी जाती है। बिकती हुई शिक्षा और विदेशी शिक्षित कहलाने का मोह-लालच या विवशता। मनुष्य आने-बहाने क्या-क्या कर गुज़रता है। सुनता हूँ भारतीय, पंजाबी छात्र पढ़ने के बहाने आते हैं, लेबर, काम, टैक्सी ड्राइविंग तक में जुट जाते हैं।

मीनाक्षी के साथ प्रोग्राम तय है। कल मेलबर्न यूनिवर्सिटी जाएँगे। एक राहत मिली है।

नगर से 20 किलोमीटर दूर है टुला मैरीन इंटरनेशनल एयरपोर्ट। यहाँ की अन्दरूनी कहानी देखने का मन हो जाता है। स्काई बस सर्विस की सुविधा है।

तीन हजार रेस्तराँ हैं जहाँ, उस मेलबर्न के मुख्य आकर्षण स्पेंसर स्ट्रीट,

फ्लींडर स्ट्रीट स्टेशन भी यही हैं। सिडनी, कैनबरा, एडीलेड या पर्थ को भी यहाँ से सीधी लम्बी गाड़ियाँ जाती हैं। ये यात्राएँ कितने अनुभव दे जाती होंगी। हर सफर की अनुभूति व्यक्तिमन को सम्पन्न करती है।

अपने चिन्तन में, अनुभव और अवधारणा में पारदर्शी है मन। बिलौरी आँखों वाले चेहरे निष्कपट और साफ शफ्फाक लगते हैं। साफ चेहरों में कभी दाग क्यों नज़र आने लगता है? दाग और दरिन्दगी, हिंसा और हत्याएँ क्या एक ही समाज साथ-साथ दे रहा है? मेलबर्न में सामाजिक अध्ययन मेरी दिलचस्पी का विषय हो चला है, धीरे-धीरे। पर समय मेरा समय भी सीमित है।

मेलबर्न की लीगन स्ट्रीट में लिटल इटली, बोरिक स्ट्रीट में चायना टाउन, किल्डा बीच, एक हजार नौ सौ सत्ताइस ट्रामों में चलता-धड़कता जीवन, सेंचुरी, दरिया में पैडल वोट से बनती-मिटती लहरें—कितना कुछ बुलाता है सैलानी को!

मैं स्टेला, विंडसर, पेविलियन, लेकहाउस जैसे रेस्तराँ में क्रमशः कॉफी पीता, संस्कृति को निकट से निहारने का मन बनाए हूँ और योगू का सहयोग मेरे साथ है। जीवन के बायें पक्ष को साथ लेकर चलते कितना सुख है, यह यात्रा में ज्यादा महसूस हो रहा है।

मेलबर्न के नक्शे की परिचित रेखाएँ गहराने लगी हैं। तो अपरिचय की ओर अग्रसर हुआ जाय।

❑

8

पता भी नहीं चलता और प्रवासी लुट जाते हैं

आस्ट्रेलिया शिक्षा बेचता है। कितने ही विश्वविद्यालय यहाँ अपनी-अपनी तरह से तिजारत करते हैं।

शिक्षा महँगी है। बिचौलिया संस्कृति भी इसमें शरीक है।

एशिया, या फिर यूरोप के देशों में भी विज्ञापनों द्वारा बिक रही शिक्षा के बारे में प्रचार हो रहा है। डिग्रियाँ, डिप्लोमे, सर्टिफिकेट्स। दो-चार हफ्ते से 6 या 8 माह तक के कोर्स अथवा विधिवत् कक्षाएँ सेमिस्टर प्रणाली द्वारा।

तकनीकी ज्ञान, कम्प्यूटर, साइंस, कला या अध्यात्म-ध्यान तक के लिए दाखिला होता है। भारत जैसे दूर-दराज के देशों से भी छात्र एक होड़ में यहाँ प्रवेश पाते हैं। सैलानियों की तरह देश के अर्थतन्त्र को और अधिक मजबूत कर जाते हैं। हॉस्टल, फीसें, आवाजाही के साधन, खान-पान या पर्यटन, हर क्षेत्र में आस्ट्रेलिया 'बाहर के' छात्रों को छीलता है, और पता भी नहीं लगने देता। फिर वे शिक्षा पाने के बहाने 'लेबर' करें, काम करके खर्चा निकालने के नाम पर डॉलर कमाएँ, यह बात दूसरी है। वर्क परमिट न पाने की विवशता में कई बार इन्हें आधा मेहनताना पाकर ही सन्तोष कर लेना पड़ता है।

क्या वस्तुतः छात्र समाज यहाँ शिक्षित हो रहा है?

मोनाश, विक्टोरिया, मेलबर्न या लाट्रोब यूनिवर्सिटियों का पाठ्यक्रम और शिक्षा स्तर, अपने-अपने संकाय के अनुरूप अलग-अलग है। मन है कि पास से इन्हें निहारूँ, इनमें तनिक झाँकूँ, अन्दर का थोड़ा जायज़ा लूँ। मीनाक्षी इसमें मेरी मदद कर रही है।

जैसा तय था, वे ग्लेन बेबर्ली से सेंट्रल स्टेशन पहुँच रही हैं। वहीं हमारी मुलाकात होगी और फ्लींडर स्ट्रीट से आगे जाने में हमें सुविधा रहेगी।

योगेश्वर के साथ हॉपर्स क्रॉसिंग से हम सेंट्रल स्टेशन का टिकट लेते हैं।

मिलने का समय तय है, मुस्तैदी है। कोई चालीस मिनट में ट्रेन हमें अपनी तेज़ रफ्तार से रौनक वाले बड़े फ्लींडर स्ट्रीट स्टेशन पर उतारती है।

चारों दिशाओं में खुल रहा रेलवे स्टेशन विशाल है। गहमागहमी के साथ। लिफ्ट का प्रयोग करके हम 'बाहर' आते हैं तो सामने मीनाक्षी को प्रतीक्षारत पाकर अच्छा लगता है। इसलिए भी कि वक्त को लेकर यहाँ का अपना संकल्प है। वक्त पर न आने, पहुँचने वाले को अजीब-सी प्रश्नाकुल शैली में देखा जाने लगता है।

मीनाक्षी आज मेलबर्न यूनिवर्सिटी ले जाने के लिए तत्पर है, पूर्व निश्चित प्रोग्राम के अनुसार। थर्मस, बिस्किट, जूस आदि हमारे पास भी हैं, जैसे पिकनिक की मुद्रा हो। पर्स, छतरी, थर्मस से लैस है मीनाक्षी भी।

प्लेटफार्म से बाहर दिन खुला-खिला है। आसमान साफ। पर कोई भरोसा नहीं बरसात कब आ जाए। बाज़ार और पुलों को पार करते हम शहर का जायज़ा भी ले रहे हैं। मेलबर्न की अपनी अलग दुनिया जैसे यहाँ चौबीसों घंटे खुली रहती है। सक्रिय लोग तेज़ रफ्तार से निकलते, फलाँगते, किसी मुकाबले में शरीक लग रहे हैं।

पास से निकल रही बग्घी हमारा ध्यान खींचती है। अतीत और शहर का इतिहास सामने खुलने लगा है। ट्राम अपने ट्रैक पर सवारियाँ उतारती आगे सरक चली है। बसों के लिए दूसरी दिशा है और पैदल चलते चेहरे इस सारे कारोबार पर हावी हैं। हम भी इसी हजूम का एक हिस्सा हैं।

मेलबर्न यूनिवर्सिटी के लेखा-फाइनांस डिपार्टमेंट में हम सक्रिय हैं। मीनाक्षी का सम्बन्ध ऐसे ही विभागों से है। पर इन दिनों यूनिवर्सिटी में अवकाश है। विभाग के एक ही कमरे में साठ-सत्तर से ज्यादा कम्प्यूटर अलग-अलग मेजों पर टिके हैं, जिनके आगे कुर्सियाँ हैं। एक क्लास रूम है यह।

मीनाक्षी के पास 'कोड' है। उसी के रहते वह एक कम्प्यूटर ऑपरेट करके हमें बताने लगी हैं, समझाने लगी हैं। कुछ तकनीकी मुद्दे हैं, जो पूरी तरह समझ में नहीं आ रहे। पर कम्प्यूटर पर मीनाक्षी का भाषण प्रभावित कर देने वाला है। हमारे यहाँ चुप, खामोश रहने वाली मीनाक्षी से आस्ट्रेलिया आने के बाद इतनी अपेक्षा तो बनती ही है।

मेलबर्न के शैक्षणिक ढाँचे को इसने पहचाना ही नहीं, समझा भी है। प्राध्यापिका होने के नाते सूक्ष्म बिन्दुओं तक चीज़ों, तथ्यों को जानने की उसकी वृत्ति भाने लगी है। बिकती हुई महँगी शिक्षा, तकनीकी ज्ञान, छोटे-छोटे कोर्स इन सब पर मीनाक्षी अक्सर टिप्पणी करती रही है इस बीच।

बाहर बादल, बरसात, धूप—सब एक साथ सक्रिय हैं। छतरियाँ खोलकर हम हल्की बरसात में लाइब्रेरी बिल्डिंग तक आ गये हैं। बेसमेंट, ग्राउंड फ्लोर से दूसरी, तीसरी, चौथी मंजिल तक हम धीरे-धीरे टहल रहे हैं। पुस्तकें-ही-पुस्तकें, पत्रिकाएँ और बुलेटिन। शोध सामग्री, फोटोस्टेट मशीनें, किताबों की परिचित गन्ध और ज्ञान सहेजने, बटोरने का सहज सुख।

पुस्तकें लौटाने का सीधा सरल उपाय उपयोगी लगा। लेटर बॉक्स जैसे खाने में किताब डाल आइए, फौरन जाएगी। आपके नाम से उतर जाएगी। इसी तरह किताबें जारी करवाने के लिए भी किताब और 'कार्ड' को कम्प्यूटर-यन्त्र पर घुमाइये, स्पर्श कीजिए। इश्यू स्लिप बाहर आ जाएगी। न कोई रजिस्टर, न हस्ताक्षर, आटोमैटिक इश्यू प्रोग्राम।

वाचनालयों, शोध-कक्षों के साथ-साथ प्रत्येक तल पर कैंटीन की व्यवस्था देखकर सुखद यों लगा कि नींद की झपकी आए या जरूरत पड़ने पर कॉफी आदि की सुविधा तो है।

लायब्रेरी और दूसरे विभागों के बीच, ऊपर फ्लाईओवर जैसे पुल बने हैं। जहाँ से एप्रोच सीधी सुलभ हो जाती है।

नीचे आते-आते हमें तलब हो आती है। पार्क में चाय के साथ स्नैक्स लेते हुए हम यहाँ की शिक्षा प्रणाली पर मन्थन करते हैं। समय की उपयोगिता, छोटे-छोटे कोर्स, डिप्लोमे या वार्षिक डिग्रियाँ सार्थक संगत हो जाती हैं, जब व्यावसायिक शिक्षा ऊँचा पैसा खर्च करके प्राप्त होती है। डॉलर की ड्राइंग यहाँ बदलती प्रतीत होती है।

कम्पाउंड में से निकलते ही खुले स्वीमिंग पूल की हलचल खींचने वाली है। मौसम सर्द है, ठंड जोरों पर है। पर लड़के-लड़कियाँ तैर रहे हैं, नहा रहे हैं, खेल रहे हैं। लगभग एक जैसे कॉस्टयूम में। मीनाक्षी ने बताया कि पूल का पानी एक खास तापमान पर गर्म रखा जाता है। शायद कहीं अपने यहाँ भी ऐसी सुविधा हो?

छुट्टियों के कारण यूनिवर्सिटी की बहुत-सी गतिविधियाँ हम देख नहीं पाये, पर मोटे सर्वेक्षण ने मीनाक्षी के नज़रिये से योगू को व मुझे बहुत कुछ बताया है। वैसे कुछ छात्रों-छात्राओं से अन्तरंग बातचीत भी कैंटीन में या अलग-अलग विभागों के दफ्तरों में हुई जिसमें उनका सन्तोष झाँकता था। भारतीय छात्रों की तरह उधर कुंठा या असुरक्षा जैसा बोध कहीं नहीं मिला। यूनिवर्सिटी से लौटते समय मेलबर्न सेंटर, म्यूजियम, डैमरू के नज़ारे जीवन्त शहर की धड़कन दिखा रहे थे। अंडरग्राउंड बाज़ारों में ऊपर वाले गलियारों से यहाँ ज्यादा रौनक थी।

हम शहर और माहौल के लिए अजनबी हैं। पर मीनाक्षी में उत्साह है। जोश व मनोयोग से हमें घुमा रही हैं। अपनी गम्भीर दृष्टि से बहुत कुछ नया, अलग हमें दिखा रही हैं।

सुबह हमने सात-सात डॉलर के पूरे दो टिकट, दिनभर के लिए निकाले थे। मशीन यहाँ टिकटें निकालती हैं। आगे काम आ रहे हैं।

कैरम 'बीच' सुन्दर जगह है। मेलबर्न के दूसरे समुद्र तटों की तरह यहाँ भी जोड़ा-जोड़ा, या हजूम में भी लोग आते हैं। सैलानी छात्र, परिवार, चमकती धूप में समुद्र तट वैसे ही लुभाने लगता है। मीनाक्षी दूर छोर तक पत्थरों और पत्थरों के पड़ाव तक हमें ले आयी है। पानी का प्रवाह है, लहरों की टकराहट बिल्कुल सफेद झाग, साँय-साँय की ध्वनि और फलों के जूस का अल्पाहार। योगू क्लिक कर रही है कई कोणों से। दूर तक दिखाई देती समुद्र तट की रेत पर कुछ आगे तक हम टहलते हैं, लौट आते हैं। लहरें विस्तार का यह कौन-सा गीत गा रही हैं। मुझे तो बेहद भा रही हैं। आजमा रही हैं समय को अपने खिलाफ हो रही साजिश समझकर।

कहीं जिन्दगी भी लहरों की तरह मुक्त हो सकती है?

हवा यहाँ इतनी तेज़ क्यों है? तीखी भी पर यह तो लुभाती है!

कैरम समुद्र तट से वापसी फ्लींडर स्ट्रीट तक ट्रेम में है। अब यह रूट परिचित-सा लगने लगा है। आते-जाते स्टेशनों के नाम गड्ड-मड्ड हो रहे हैं स्मृति में। हाथ में मेट-मैप है। तीन रंगों में विभाजित इसके जोन नीला-लाल-पीला। कहीं सूखा कहीं गीला मौसम मनुहार करता लग रहा है। सपना जग रहा है।

फ्लींडर स्ट्रीट रेलवे स्टेशन की बगल में ऐतिहासिक स्मारकों वाला प्यारा पार्क है। बड़ा और बहुत सुन्दर। कई दृष्टियों से फूलों वाली घड़ी हमारे लिए यहाँ आकर्षण है। एक चरागाह जैसी ढलान पर एक क्लॉक हमें खींच रहा है। इसकी सूईयाँ, डायल, पेंडुलम—सभी फूलों के हैं। मोहक और चित्ताकर्षक।

पास ही राज्यभवन है। सफाई का विशेष प्रबन्ध पार्क को गरिमा दे रहा है। एक ज्योति यहाँ सतत प्रज्वलित रहती है। देश के वीरों की गौरव गाथाएँ संक्षेप में अलग-अलग स्मारकों पर अंकित हैं। दूर तक फव्वारे खुले हैं।

शाम गहराने को है। पर मन अभी और देखना, समझना, जानना चाहता है। आकाश का रंग बैंगनी होकर केसरिया हो चला है। दूर दौड़ लगाते खिलाड़ियों, तैराकों, दौड़ाकों की आकृतियाँ क्या कह रही हैं? सेहत के ध्यान में उम्र आड़े नहीं आती शायद। कम-से-कम कपड़ों में दौड़ाक धरती को पैरों से सलामी देते आगे निकल रहे हैं।

मन में मेलबर्न यूनिवर्सिटी का एक नज़ारा फिर स्मरण हो आया है। इतनी महँगी शिक्षा इसके उद्देश्य, कारण और जरूरतें। आस्ट्रेलिया पर्यटन से भी कमा रहा है और शिक्षा से भी। एक उद्योग है शिक्षा यहाँ, जिसे निर्यात किया जाता है, दूसरे उत्पादों की तरह ही। शिक्षा के नाम पर दाखिला लेते प्रवासी कितने शिक्षित हो पाते हैं या डॉलरों के ज़रिये हज़ारों-लाखों रुपये यों ही गँवाते हैं?

मायर जैसे सुपर स्टोर या इन पर काम करते चेहरे एक अन्य मेलबर्न की कथा कह जाते हैं।

❑

9

शाकाहारी के लिए बस आलू और प्याज

आस्ट्रेलिया मूल की जीवन शैली ने पूर्वी एशियाई लोगों पर गहरी छाप छोड़ी है। प्रतिदिन की दिनचर्या में एक अलग तरह की जीवन शैली धीरे-धीरे यहाँ अपनायी जा रही है। गतिमय जीवन, काम में दौड़-धूप और संलिप्तता। मनोयोग से स्थितियों को समझना और सहयोग भावना से काम आना देखने को मिलते हैं।

रहन-सहन, खानपान में, जद्दोजहद में भी यहाँ पंजाबियों, भारतीयों सहित अनेक अन्य प्रवासियों को काम के प्रति सचेत पाकर अच्छा लगता है। श्रेष्ठ को रखकर अनुपयोगी को नौकरी से हटा दिया जाता है, छँटनी कर दी जाती है। इसी होड़ में हर कोई अपनी जगह ईमानदारी और सक्रियता से काम करता है। गलती होने से डरता है। धीरे-धीरे अपनी उपलब्धियों के आधार पर प्रगति के लिए आगे सरकता है। इस कार्य शैली में कहीं रंगभेद-वर्णभेद भी आड़े आ सकते हैं।

दिल्ली की नीलम के पति यहाँ रेस्तराँ चलाते हैं। सुबह के निकले रात, देर रात घर लौट पाते हैं। नीलम एक दफ्तर में सेक्रेटरी का काम करती रही है। उसने बताया कि काम के प्रति सचेत रहने के कारण ही वह दूसरी, गोरी लड़कियों के मुकाबले वहाँ टिक पायी है। नहीं तो अन्य कई भारतीय लड़कियों की छुट्टी तीसरे-पाँचवें माह होती वह देखती आयी है। काम यहाँ पूजा है और पूजा की कद्र हर जगह होती ही है।

सुन रहा हूँ कि कला और कुबेर का संगम है यहाँ की दर्शक दीर्घाएँ। गैलरीज के खुलने-बन्द होने के अपने-अपने समय हैं। मोहाली में एक कर्नल दोस्त ने अपने अनुभव के आधार पर मेलबर्न में किसी 'मैन्स गैलरी' को देखने की सिफारिश की थी। दो-तीन अलग-अलग परिचितों से चर्चा की तो पहले

तो वे समझ नहीं पाये फिर अपनी गाड़ी में घुमाते हुये एक साथी ने दूर से दिखाया एक ऊँची इमारत पर 'मैन्स गैलरी' का बोर्ड लगा था।—एब्सेर्ड शैली में। उसने साथ चलने में असमर्थता व्यक्त की तो कुछ-कुछ समझ में आने लगा। देह और देह व्यापार जैसे कितने ही ठिकाने शहर में अलग-अलग नामों में सबर्वस में चल रहे होंगे। वहाँ रसिक, जिज्ञासु चक्कर लगाकर डॉलर भी लुटाते होंगे। डांस, मुजरा शैली में अपने यहाँ जो, जैसा देखने में आता है, उससे कहीं आगे। नग्न मानव आकृतियों का शोर, जोर, उत्तेजना और मर्दानगी दिखाते ये अड्डे उन हरमों से अलग हैं, जो मेलबर्न में अंडरग्राउंड चलाये जा रहे हैं। इनके फोन नम्बर जरूरतमन्द लोगों को कई रेस्तराँ भी मुहैया करवा देते हैं।

कभी-कभी लगता है कि रंगों और गन्धों वाले लिबास, आदिम मनुष्य को अपने में छिपाकर कहाँ-कहाँ, किस-किस रूप में मिल जाते हैं। उत्सुकता, उत्कंठा हमें कहाँ-से-कहाँ ले जाती और क्या-क्या दिखाती है। इन्हें याद रखना भी जरूरी नहीं रह जाता।

निर्मित हो रहा है एक नया शहर पुनर्निर्मित शहर से आगे। यहाँ विकास की अनेक सम्भावनाएँ हैं। किस्सा-दर-किस्सा भवन ढहते, उभरते हैं। कहानी-दर-कहानी भवन बनते हैं, उभरते हैं। संस्कृति बनती और फलती-फूलती है। इरादों और वायदों की संस्कृति।

सेंट्रल सिटी से निकलते दोनों ओर काँच की बहुमंजिला इमारतों को देखता हूँ। क्या इनका आचरण भी ऐसा ही पारदर्शी हो सकता है? कैसे निर्माण हुआ होगा इनका लिफ्टों द्वरा। एक्सलेटर पर होकर टॉप-स्टोरी तक गया सैलानी इतना कुछ नया, अनजाना, पहली बार देख रहा है। भव्य और भरपूर। पास या दूर से खिंचे आये चेहरे पर्यटकों के रूप में मिलते हैं, पहचान खरी करते हैं। मिले-जुले से रहते हैं। यह तृष्णा है या मृगतृष्णा? आदमी के शौक या उसकी जरूरतें अब सदियों, दशकों में नहीं, पलों-क्षणों में बदलती-फिसलती जान पड़ती हैं। ठोस, पुख्ता, बुलन्द शहर यहाँ भुरभुराता क्यों लगने लगा है?

तीन ओर से घिरा है समन्दर। नीला गहरा पानी। पानी की अपनी कहानी। ऊपर घना घिरा आकाश, पूरे विश्वास के साथ। बीच में सफेद या सुरमई काले बादल भी। पानी में लहरें हैं मचलते मन की तरह। लहरों पर दौड़ता-भागता जीवन है, गतिशील।

ख्याल दौड़ते हैं। सवाल दौड़ते हैं या फिर मन्त्रमुग्ध करती आकृतियाँ। कितना जोश-खरोश है, कितनी उत्तेजना है! दोस्तों, पड़ोसी, परिवार के साथ मन पानी चीर रहा है। काट रहे पानी पर, लहरों की नादानी पर दौड़ती नौकाओं की

कहानी एक सेतुबन्ध तक ले जाती है।

समन्दर के एक ओर ऊँचे पहाड़ हैं, खास महत्त्वाकांक्षा को उजागर करते। इनके साथ–साथ सरकती है सड़क। चौड़ी और खुली सड़क पर पहाड़ और समन्दर के बीच ड्राइव करना एक मोहक आनन्द दे जाता है। दुनिया जहान से बेखबर, कहाँ क्या हो रहा है, इसकी कोई परवाह नहीं। बस प्रकृति है, आप हैं, और आपका समय है—सृजनधर्मी समय।

अचानक जलधाराओं की दौड़ फिर आपका ध्यान खींच लेती है। हर दस–पन्द्रह किलोमीटर के बाद 'व्यू प्वाइंट' हैं, पर्यटन स्थल, लुकआउट किराये के कमरों से लेकर हट्स या होटलनुमा इमारतों में हर तरह की सुविधा है। आमतौर पर 'नॉन–वेज' खाना यहाँ उपलब्ध है। शाकाहारी के लिए आलू और प्याज की भरमार के पकवान। तो क्या हमारे यहाँ प्याज की दरें ऐसे भी बढ़ती हैं? आयात–निर्यात का गणित गड़बड़ाने लगता है। लहरों की होड़ फिर खींचती है तो कमरों की सारी खिड़कियाँ जैसे खुलने लगती हैं। क्या यहाँ खिड़कियों के साथ मन भी खुल रहे हैं?

सोचने की मुद्रा में कितने सवाल कौंधते हैं। क्यों और कैसे पर मन ठिठकता है। सैलानियों की तरह ही स्थानीय लोग भी अवकाश के पलों में ऐसा ही महसूस करते हैं। अपने खालीपन को अलग–अलग तरह से भरते हैं। शायद यहाँ बड़े शहर की चकाचौंध से इन्सान स्वयं को जल्दी खाली–खाली पाने लगा है। सवाल–दर–सवाल कितने कोण सामने खड़े हैं? एक–दूसरे से बड़े। माकूल उत्तर अभी भी सामने नहीं आ पाया।

अवसरानुकूल यहाँ लोग बड़े पैमाने पर त्यौहार मनाते हैं। अन्तरंगता में जीते हैं। मेरे सामने फिल्मबन्द हो रहे हैं कई नज़ारे। पूरे समुदाय के साथ परम्पराएँ निभाते चेहरे गा रहे हैं। संगीत के सुरों ने इनके रंग को और बढ़ा दिया है। नाचने वालों की तन्मयता महज नाच में है और हर तरफ से कटा है ख्याल। समय को बहुत पीछे धकेल दिया है दिलों ने, एक–एक पल को जी रहा है मन। महोत्सव जैसे इस आलम में मन का महत्त्व और बढ़ जाता है। यहाँ नृत्य–मुद्रा में शरीक मन हलचल दोहराता है। प्रकृति की गोद में पलती परम्परा पूर्ण हो रही लगती है।

दिन भर के भ्रमण और विविध अनुभवों के बाद शाम का इन्तजार रहा। इसलिए भी कि अचिन्त के साथ संवाद होगा, नयी संस्कृति के विभिन्न कोणों पर चर्चा हो पाएगी।

ज्यूल में जाना होता है। घर से बीस मिनट की ड्राइव पर। दूध यहाँ कई

तरह का मिलता है। अलग-अलग पैकिंग में। तरह-तरह का पनीर, भाँति-भाँति का मक्खन। छोटे पैक से दो या पाँच किलो तक के पैक में। दूध, पनीर, मक्खन या इनके प्रोडक्ट्स यहाँ खूब बिकते हैं, इस्तेमाल में लाये जाते हैं। देसी घी का उपयोग शायद कम होता है। खाद्य सामग्री में क्रीम भी शामिल रहती है। यहाँ की मलाई का गाढ़ापन और स्वाद हमारे यहाँ से अलग है।

चौराहे या लालबत्ती पर आकर ड्राइव करने वालों के लिए चौकसी अनिवार्य है। सफेद लकीर पर धीमी गति करके दायें-बायें या पीछे का जायजा लेकर ही आप कार को आगे बढ़ा सकते हैं। लेन क्रॉस करने या ओवरटेक करने, गति सीमा लाँघने का मोटा फाइन तुरन्त वसूल कर लिया जाता है। चालान करने पर वाहन चालक को कोर्ट में 'सामना' करना पड़ता है। समय और डॉलरों का व्यय यहाँ अपव्यय लगने लगता है।

बत्तीवाले चौराहे पर जहाँ चार-चार, पाँच-पाँच रास्ते आकर मिलते हैं, जेबरा क्रॉसिंग पार करने के भी विशेष नियम हैं। पदयात्री को यहाँ पहल दी जाती है। प्रतीक संकेत आने पर हरी रोशनी की प्रतीक्षा घंटी द्वारा की जाती है। जब तक पूर्णतः पैदल सवारी क्रॉस नहीं कर जाती, पार नहीं हो जाती, कार चालक निकलने की तेजी नहीं दिखाते।

दिन भर मेलबर्न में प्रतीक्षा बनी रही है, फोन की, पत्रों की। मन हर जगह घूमते हुए भी पीछे कहीं टिका है। पत्नी साथ है, पर बच्चे मोहाली में हैं। पोस्टमैन की शिद्दत से की गयी इन्तजार यों ही जा रही है।

योगू इधर मेलबर्न में ही गुणवन्त की बेटी, पूनम से लाइन पर बात कर रही है। कुछ सौगातें, पत्र हमारे पास इसके भाई जहाँगीर के लिए हैं।

पिछले दिनों इनके पड़ोस में होकर हम लौट आए हैं। पर समय नहीं निकाल पाये मिलने के लिए। आने वाले दिनों में वे इधर आ पायें या हमीं दोबारा उधर, सौ किलोमीटर दूर मिलने जायें, यह तय हो रहा है।

रिश्तों का रंग दूरियों में नहीं, अपनेपन में आँकने के प्रयास में हैं हम।

अचानक जितेंद्र का फोन मेरे लिए आता है। उसे मैं डिनर के लिए आमन्त्रित कर लेता हूँ। शहर का जुगराफिया स्पष्ट करते हुए कई नयी बातें जितेन्द्र बता रहा है, जो मेरे लिए जरूरी हैं।

जितेन्द्र पंजाब आना चाहता है, पर काम के लालच से मुक्ति नहीं पा रहा। रातें जागकर, एक साथ बहत्तर-बहत्तर घंटे लगातार काम करके शायद वह विशेष अध्ययन कर रहा है। भौतिक विज्ञान की पढ़ाई ने उसे गम्भीर फिरन्तू बना दिया है। उसकी पत्नी पंजाब में है। सपना विभाजित हो तो करवटें झेलता है मन।

जितेन्द्र अपना मन खोलकर विदा ले रहा है। मेलबर्न में हमारे पहले दिन उसका हमें रिसीव करना जितना अच्छा लगा, योगू का मुझसे बतियाना आज भी उतना ही भला लग रहा है।

मेलबर्न मोह है,
मेलबर्न मृगतृष्णा है
मेलबर्न है मंगल महोत्सव।

इतने रंगों में रचा गया है मौसम महानगर का।
उसी दिशा में लगातार सोचने लगा हूँ।
कन्धों पर कूदते अरमान अँगड़ाई लेकर
रिश्तों की पहचान अथवा पहचान के रिश्तों की कथा दोहराते हैं।
नये पल बहुत कुछ अनकहा कह जाते हैं।

यहाँ सुरमई साँझ साथी को सहारा दे रही है।
आपको, मुझे भी एक-एक नजारा दे रही है।
इशारा दे रही है यारा दरिया की गति।

बादलों के रूप में मिलती है यहाँ सपनों,
सिसकियों-सी अमितोज की कविताएँ।
इमरोज की कथाएँ, अमृता की कहानियाँ कहती।
बुनती, सुनाती दिशाओं को और ऋचाओं को।

कितने रंगों में रच गया है मौसम महानगर का?

❑

10

मेलबर्न में शादी हुई पंजाबी 'स्टाइल' से

व्यक्ति अभिव्यक्ति के द्वारा ही मुखर कहलाता है। मन की बात कहने, करने के लिए वह सही मंच की तलाश में रहता है। उसके साधन-माध्यम खोजता है। सम्पर्क करके रचना-कर्म पर चर्चा का मन हो आता है। पर हिन्दी में यहाँ कौन है?

हिन्दी निकेतन!

हमारे पास ही, थोड़ी दूरी पर इंजीनियर अरुण गुप्ता रहते हैं। गीत-संगीत में इनकी भरपूर रुचि है। अलीगढ़ और कोटा से इनका सम्बन्ध है। आशा गुप्ता इन्हीं की पत्नी हैं, जिन्हें पठन-पाठन का शौक है। योगेश्वर के पास इनका फोन नम्बर है, कि पहले कुछ मुलाकातें इनमें हो भी चुकी हैं। फोन करके किसी संस्था या हिन्दी-सेवी व्यक्तियों के नाम, पते, फोन हम चाहते हैं तो आशा जी सहर्ष बतलाने लगती हैं। हिन्दी निकेतन की जानकारी मिलती है, जिसकी दो पत्रिकाएँ भी मेलबर्न से निकल रही हैं।

आशा गुप्ता की बेटी इधर डाक्टर हैं और बेटा इंजीनियरिंग का छात्र। दिनेश श्रीवास्तव, जया शर्मा, सुधा जोशी, अभी मेरे लिए सिर्फ नाम हैं। इनके सम्पर्क नम्बर हमने नोट किये हैं। वे आगे बताती हैं कि बी.एस.बी. और एफ.एम. जैसी रेडियो सेवाएँ हिन्दी, उर्दू और पंजाबी में प्रसारित करते हैं जिनमें कभी-कभार साहित्य चर्चा भी रहती है। सिडनी और मेलबर्न से अलग-अलग प्रोग्राम प्रसारित होते हैं।

अजय तिवारी और जया जी से अचिन्त ने मेरी बात करवायी है। 'चना ज़ोर गरम' सांस्कृतिक मेला यहाँ 29 जून को प्रस्तावित है, जिसमें भारतीय परिवेश के साथ अपना बाज़ार, स्टॉल्स और भारतीय फैशन-शो देखने को मिल सकता है। साथ ही सबसे मेल-मुलाकातें भी हो जाएँगी।

लेकिन जून 29 तो अभी मेरे लिए दूर है। सामाजिक एकजुटता का यह स्वरूप मैं गत वर्षों में आयोजित मेलों के आधार पर समझने की कोशिश करने लगा हूँ।

भौगोलिक फासले कहीं बीच में आ रहे हैं। फोन पर सारी बात खुलकर सम्भव भी नहीं हो पाती। आशा गुप्ता दूसरे दिन हमें अपने यहाँ आमन्त्रित करती हैं, मेरी किसी पुस्तक के साथ। पाठिका का यह उत्साह मुझे भा रहा है।

जया शर्मा स्थानीय रेडियो प्रोग्राम भारतीय हिन्दी परिवेश में प्रस्तुत करती हैं। अभी बीते दिनों इनका एक संयोजन सुना भी। सराहनीय लगा। समाचारों के साथ महत्त्वपूर्ण विषय पर चर्चा-परिचर्चा और फिर एक-आध भेंटवार्ता किसी फिल्मकार, रंगकर्मी या साहित्य-सेवी के साथ। आस्ट्रेलिया में उभरे इस मिनी भारत से आश्वासन जगा कि सम्पर्क, संवाद के द्वारा जनमानस को यहाँ समझा जा सकता है। अपनी भाषा और संस्कृति का जायज़ा लिया जा सकता है।

मेरे काव्य-कर्म के बारे में विस्तार से जया जानना चाहती हैं। संक्षेप में फोन पर कुछ तथ्य बताकर मैं बात टाल रहा हूँ। पर वे कुछ और जानकारियाँ भी ले रही हैं। 'देवनागरी', 'सन्देश' और 'इंडियन वायस' देखने का मशविरा मिलता है। उन्हीं स्थानीय पत्रिकाओं में मुझे यहाँ की रचनाधर्मिता की जानकारी हासिल हो पाएगी। अच्छा लगा कि आशा गुप्ता की तरह ही जया शर्मा भी दिलचस्पी लेकर पूरी जानकारी, सम्पर्क सूत्रों सहित मुझे नोट करवा रही हैं। यायावर को ऐसा तिनका हाथ लग पाये तो वह मौका तलाश करेगा ही।

दिनेश शर्मा के यहाँ आन्सरिंग मशीन पर हम अपना परिचय, फोन नम्बर छोड़ देते हैं।

शायद इसी बहाने, जितना घूम रहा हूँ, जो देख रहा हूँ, मन पर गहरे में कहीं प्रतिक्रिया हो रही है। उसे रचना का रूप देने की चेष्टा करने लगा हूँ। यहाँ के हिन्दी संसार को बताने, सुनाने के लिए दो-तीन कविताएँ उभरी हैं, जिन्हें कलमबन्द करके सन्तोष हो रहा है। अपनी तरह से अपनी बात, अपने ढंग से ही तो हम कह सकते हैं।

'देवनागरी' और 'सन्देश' पत्रिका के पिछले साल के अंक आशा जी के सौजन्य से प्राप्त होते हैं। रचनाधर्मी और सूचनाप्रधान इन दोनों पत्रिकाओं में भारतीयता और हमारी संस्कृति का चेहरा तो झाँकता मिलता ही है, अनेक हस्ताक्षर और उनकी कविताएँ, कहानियाँ भी सबके पतों, ठिकानों सहित सम्पर्क के लिए, मेरा सम्बल हो सकते हैं।

बाहर का संसार यहाँ मेरे सामने है। सड़कें, पुल, रोशनियाँ, इमारतें, बाग,

झीलें और मुक्त प्रकृति। सागर के बदलते रंग जीवन के रंगों को खोलकर दिखाते आये हैं। भीतर के रंगों की भाषा और साहित्य के माध्यम से जानना चाहता हूँ। अपनी भाषा के जरिये इसे बेहतर समझा जा सकता है। धीमे स्वर में इधर गोरे चेहरे भी कुछ कहते हैं तो उनके हिलते होंठ, हाव-भावों के साथ, अपनी आधी-इबारत तो समझा ही जाते हैं। फिर हिन्दी में अपनों, भारतीयों से जानने की उत्सुकता है कि साहित्यिक भूख के नाम पर वे क्या पढ़ते हैं? कौन-सी पत्रिकाएँ उन्हें सहज सुलभ हैं—अखबार हिन्दी में कहीं मिल पाते हैं क्या? और पुस्तकें खरीदने के लिए किस मार्किट का सहारा वे लेते हैं। नयी किताबों की सूचना उन तक कैसे पहुँचती है?

सोचता हूँ, किसी विश्वविद्यालय के हिन्दी विभाग में शायद मुझे इन या ऐसे सवालों के जवाब यहाँ मिल भी जायें।

लॉट्रोव यूनिवर्सिटी के एशियन स्टडीज़ डिपार्टमेंट में सुधा जोशी कार्यरत हैं। इन्हीं का फोन सम्पर्क खोजकर योगेश्वर मुझे दे रही है। हिन्दी पठन-पाठन और पाठ्यक्रम पर भी चर्चा करना चाहता हूँ, पर विश्वविद्यालय में अवकाश है। आन्सरिंग मशीन हमारा संदेश ले लेती है।

एकाएक दिमाग में पोकी-संसार घूमने लगता है। जुआ-घर में मशीनों से बरसते डॉलर और चेहरों के खिलते-मुस्काते अन्दाज़।

भारतीयता से पंजाबी परिवेश की ओर प्रस्थान हो रहा है हमारा। पिछले दस दिनों से लगातार डोगर सैनी, सतनाम की शादी की चर्चा कर रहे हैं। लड़का मेलबर्न में टैक्सी चलाता है। लड़की वाले भारत से, मोगा से वहाँ पहुँचकर शादी रचा रहे हैं। हमें निमन्त्रण है दोनों ओर से ही शादी के लिए। सैनी सहिब के सम्बन्ध सतनाम से हैं, सो उन्हीं की ओर से केंग्रीवर्न गुरूद्वारा पहुँच रहे हैं। एक घंटा गाड़ी चलाकर पंजाबी समुदाय से जा जुड़े हैं। ठंड खूब ज़ोरों पर है। हवाएँ जैसे चीर रही हों। दिन पूरा खिला है, पर धूप के रहते भी ठंड बढ़ रही है।

पंडाल में पहुँचते ही नाश्ता तैयार मिलता है। बर्फी, गुलाबजामुन, पकौड़े, समोसे और गर्मागर्म चाय। लगभग साढ़े बारह बजे तक शादी सम्पन्न हो जाती है। अन्दर गुरुद्वारे में पंजाब की शादी जैसा ही गर्माया माहौल है। वीडियो कैमरे, सेहरे की लड़ियाँ, शिक्षा-पाठ, मंगल कामनाएँ और दान-दक्षिणा। लग रहा है अमेरिका, कैनेडा, इंग्लैंड आदि देशों से भी मेहमान शादी में शामिल हैं। सिडनी और आस्ट्रेलिया के अन्य महानगरों से भी। दुल्हन के घरवाले उसी तरह वधू को सौंपते हैं, आर्द्रभावों से। मंगल महोत्सव एक भाईचारे को जोड़ रहा है। हमारे लिए यहाँ का यह अलग अनुभव है।

शाम पाँच बजे ग्लोरी हॉल में हम सतनाम की रिसेप्शन पर फिर कुछ परिचित चेहरों से मिल रहे हैं। पंचतारा होटल जैसा माहौल है हॉल में। बाहर पार्किंग के लिए असंख्य गाड़ियाँ लगी हैं, नये-नये मॉडलों में। हम बेसमेंट में पार्किंग पाते हैं।

दस-दस ग्लोरी कुर्सियों के साथ चालीस टेबल सजे हैं, मोहक अन्दाज में। ड्रिंक्स चल रही है। महिलाएँ, पंजाबी तरुणियाँ भी खुलकर शराब ले रही हैं, झूम, नाच रही हैं। सतनाम के गिर्द भंगड़ा डाला जा रहा है। दूल्हा-दुल्हन दोनों को ही 'डांस' में शामिल कर लिया गया है। मुक्त माहौल में आस्ट्रेलिया की यह पंजाबी शादी एक अलग अनुभव दे रही है, जहाँ ज्यादातर स्नैक्स आदि मांसाहारी सर्व किये जा रहे हैं। शाकाहारियों के लिए भी किसी चीज़ की कमी नहीं। कोकाकोला की तरह शराब और शराब की तरह कोक का प्रयोग हो रहा है। खाने के समय तक मेहमान इतना पी-खा चुके हैं कि उनके हाथ प्लेटों की ओर नहीं बढ़ रहे। सतनाम को एक बार फिर 'विश' करके, 'ग्रीट' करके हम निकलने को होते हैं।

अचिन्त, मनु, स्वीटी और योगू के साथ हमारा पड़ाव आगे अमरजीत-दलजीत के यहाँ है। यह पारिवारिक मित्र दम्पती रास्ते में है, इसीलिए इन्हें मिलने का मोह नहीं छोड़ा जा रहा। गुडईयर टायर में कार्यरत हैं दलजीत। पीछे भारत आये तो मोहाली भी होकर गये थे। अमरजीत, इनकी पत्नी मकान बनवाती और बेचती हैं। पड़ोस में ही बन रहा लकड़ी के ढाँचे का दोमंजिला मकान हमें दिखाया भी जाता है। ज्यादा बातों के लिए यहाँ समय नहीं है, इन्हें अपने यहाँ निमंत्रित करके हम(मनिन्दर)के यहाँ अटक रहे हैं।

मनिन्दर धर्मशाला (हिमाचल) में योगेश्वर की छात्रा रही है, गवर्नमेंट कॉलेज में। उसके पति न्यूजीलैंड और जापान में इंजीनियर रहने के बाद अभी इधर हैं, एक मल्टीनेशनल कम्पनी में किसी प्रोजेक्ट पर। मनिन्दर के पास कई देशों में रहने का अनुभव है।

बहुउद्देश्यीय अनुभवों के आधार पर उसने मेलबर्न में अपना सुन्दर घर बनाया है। बेटा मेडिकल का छात्र है, मलेशिया में। बेटी यहीं पढ़ रही है। कलात्मक, सुरुचिपूर्ण ऐसे मकान यहाँ मैंने कम ही देखे हैं। भिन्न-भिन्न संस्कृतियों का तुलनात्मक जायज़ा लेती मनिन्दर अपने देश और कल्चर पर ज़ोर देकर समर्थन करती है। अब तक कुलबीर और पूनम को भी इन्होंने फोन करके यहीं बुला लिया है। मोहाली में मेरी कुलीग मैडम गुनवन्त की बेटी और उनका दामाद यहाँ पड़ोस में रह रहे हैं। बैठक में रौनक है। पुरतपाक मिलने पर पूनम खुश है।

जहाँगीर, उसका भाई अभी शायद ड्यूटी पर है। नहीं आ पाया।

युवा पीढ़ी को बेहतर भविष्य की ओर बढ़ते देखकर सन्तोष होता है। इनके मूल्य, मान्यताएँ अपनी हैं। थोड़ी छूट के साथ ये लोग अपनी संस्कृति को निभा रहे हैं। वर्किंग कपल घर के कार्यों में साथ-साथ हाथ बँटा रहे हैं, जानकर खुशी होती है।

भाषा या साहित्य में अभिव्यक्ति के साथ पंजाबियत से लबरेज़ शादी देखते हुए मुझे लगा कि मनुष्य मूलतः अपनी ही संस्कृति से जुड़कर जी सकता है। त्यौहार, शादी, परिवार मिलन इधर मेलबर्न में हमारे देश की तरह ही सम्पन्न हो रहे हैं। यही मानव मन की अभिव्यक्ति का प्रतीक है।

डैंडीनोग मार्किट एशियाई संस्कृति का आईना है। क्या वहाँ भी पंजाब मिल पाएगा?

❑

11

भारतीय संस्कारों से भी जुड़ा है मेलबर्न

संडे आमतौर पर आस्ट्रेलिया में आउटिंग का दिन होता है। घूमने के लिए या फिर आराम अथवा सफाई आदि, घर के कामों के लिए। शनिवार को ही सपरिवार 'काफिले' सहित निकले परिवार संडे को भी मौज-मस्ती करते, दूर-दराज की नयी खोजी प्राकृतिक जगहों का नज़ारा लेते हैं। आधी रात होते-न-होते दूर-पास से घरों तक लौटने लगते हैं।

पंजाब मूल के भारतीय, सामाजिक प्रतिबद्धताओं के लिए, मन्दिर अथवा गुरुद्वारे में मिलते, मत्था टेकते, लंगर छकते हैं। मिलने की जगह भी अलग-अलग दिशाओं से आ रहे परिवारों के लिए यही हो जाती है। मशवरा, पूछताछ, पथ-प्रदर्शन जैसा बहुत कुछ इधर सम्भव है।

आस्ट्रेलिया आये हुए लगभग दो हफ्ते हो रहे हैं। कुछ चेहरे और नाम हैं जिन्हें मिलना, देखना चाहता हूँ। योगेश्वर मुझे ब्लैक बर्न गुरुद्वारे ले आयी है। गुरुद्वारे की भव्य विशाल इमारत है। पंजाबी जहाँ भी जाते हैं, अपनी धरोहर को सुरक्षित रखते हैं। घोषणाओं के साथ भोग पड़ रहा है। प्रसाद बँट रहा है। चेहरे, चेहरों को खोजबीन रहे हैं। लम्बे खुले हॉल में बैठी संगत में से 'अपनों' को खोज पाना आसान हो रहा है।

मन लायब्रेरी में घूम रहा है। पंजाबी अखबार फाइल में पड़े भले लगते हैं। स्टैंड पर तीन-चार दिन पहले का पेपर है। अँग्रेजी-पंजाबी की पुस्तकें करीने से लगी हैं। साज-संगीत के उपकरण भी उपलब्ध हैं। सेवा के लिए मचलती भावना भाने लगती है। सहअस्तित्व, मिलवर्तन—कितना कुछ यहाँ से किशोर, नयी पीढ़ी सीख सकती है, सीख भी रही है। सब्ज़ी-भाजी, खीर या सलाद की बाल्टियाँ उठाये प्रसाद छकाते संस्कार रोटी बाँटते, पानी की सेवा करते युवा वर्ग के इन प्रतिनिधियों में, पंजाब के ही नहीं, अन्य भारतीय प्रान्तों के छात्र चेहरे

भी शामिल हैं, जो होड़ ले-लेकर, एक के साथ एक कन्धा मिलाते सेवारत हैं।

मौसम ने हमें घेर लिया है। मूसलाधार पानी बरसने लगता है। छतरी, बरसाती जैसा कुछ भी हमारे पास नहीं। अभी तो हम आरिफ़ चौधरी की स्वीट शॉप, रोशन की बड़ी दुकान के पास ही है। यहाँ आज का विशेष आकर्षण 'इमरती' बोर्ड पर लिखा है। अब तो पंजाब में भी कम ही कारीगर इमरती पका बना पाते हैं। दाल की पीठी से बनी इमरतियाँ खाने बैठे हैं तो अपनी किशोरवय सामने आ जाती है, समोसे, गुलाब जामुन, बतीसा व घेवर पैक भी करवाये हैं। चाय की तलब होती है तो आगे ही मेकडोनल्ड्स के पास चुस्कियों का प्रबन्ध है। सर्दी की बरसात का इससे अच्छा उपयोग भला क्या हो सकता है? यहाँ परस्पर बैठना, बतियाना, संवाद की मुद्रा में आना खूब रंग दिखाता है। मानो जड़ें ज़मीन तक धँसने लगी हैं।

कैरम डाउन यहाँ से काफी दूर है। यहाँ के शिव-कृष्ण मन्दिर की मूर्तियाँ हमारा आकर्षण हैं, दक्षिण भारतीय कोणार्क शैली का भव्य मन्दिर शान्त माहौल दे रहा है। दो गाड़ियों में हम दो परिवार थके से आये हैं, पर जोश हमें प्रदक्षिणा में ले जाता है। पूजा-विधि दक्षिण भारतीय ही है यहाँ, धूप-दीप-नैवेद्य। ठीक उसी तरह नारियल का प्रसाद, केले, मौली और तिलक। श्रद्धा बलवती होने लगी है। घंटी या टल्ल बजता है, तभी मन्दिर का बोध होता है। नहीं तो सब पाठशाला, उपाध्याय कक्ष का-सा माहौल है।

रविवार है न! इसलिए श्रद्धालु यहाँ इतनी दूर तक दिखाई दे रहे हैं। मन्दिर की सफाई ध्यान खींच रही है। पंडित जी अँग्रेजी में परस्पर सम्प्रेषण करते हैं। हर घर में प्रवेश से पूर्व, देखता हूँ, मेजबानों की जूतियाँ, उनके बूट आदि बाहर उतारे मिलते हैं। देखा-देखी या चलन के अनुसार आये मेहमान भी अपने सैंडिल/ शूज़ खोलते, उतारते हैं। नंगे पाँव अन्दर कालीन पर टहलते ड्राइंगरूम तक आते, बतियाते हैं। यह अनुकरणीय लगा। घर की दीवारों पर सजावट आधुनिक कलाओं द्वारा ही नहीं, पारम्परिक शैली से भी हुई मिलती है।

सुबह गुरुद्वारे में अनु और अंकित को खोज रहा था। मीनाक्षी भी दिखाई नहीं दी, जबकि उनके पति, बच्चे वहीं थे। बातूनी स्वभाव के श्री सग्गू यहाँ के पत्रकारों, अखबारों की चर्चा कर रहे थे। उनका श्रम बोलता जान पड़ता है, काम के द्वारा। श्रीमती सग्गू का सामाजिक दायरा इतना विस्तृत है। बाज़ार से लौटते कुछ जरूरत की चीजें हम खरीद रहे हैं। दुकानदारों का मिठास भरा लहजा लुभाने वाला लगा। ग्राहक को उनके चंगुल से छूटने की कला न हो तो कुछ-न-कुछ खरीदना ही पड़ता है।

योगू कभी-कभी इतनी अन्तर्मुखी कैसे हो जाती है? गहरे भीतर तक इतनी धँस जाएगी कि बाहर का संसार उससे दूर खड़ा दिखाई देगा। फिर अचानक, एकाएक लौटेगी। अपने में, हमारे में। और यूँ छा जाएगी जैसे कुछ हुआ ही नहीं। सोच और कल्पना का एक अलग करिश्मा उसकी प्रतिभा का अभिन्न अंग है। महत्त्वाकांक्षी मन क्या-क्या चाहने लगता है। अधिकार और 'अंकुश'। व्यक्तित्व के पहलू दूर देश में ज्यादा पास से देखने को मिल रहे हैं। एक और यात्रा ही तो है यह भी। जहाँ हम हैं, वहाँ नहीं हैं। जहाँ नहीं हैं, वहाँ भी हैं। यही क्रम दोहराता है। मेरा मन भी एक बार तो अपने आपको वहीं खड़ा पाता है।

गहरे काले बादल, घटाटोप अँधेरा हमें रोके हुए है। एकाएक खुलकर बरसात आने लगी है। चाहकर भी कहीं निकल नहीं पा रहे। क्या यह अभिशाप है? नियतिक्रम या ऐसा ही कुछ। शायद नहीं। शायद हो। दुविधापूर्ण मन:स्थिति में तो कहीं कुछ भी नहीं भाता। मेलबर्न भी नहीं।

टारगेट से 12 डॉलर में 30 फोटोग्राफ धुलने के बाद मिले हैं। तसवीरें देखकर तबीयत खिल उठी। योगू को दाद दे रहा हूँ। कितने ही कोणों से प्रकृति, पदार्थ और पहचान को सहेजा है। किताब के लिए उपयोगी हो सकती हैं। यहाँ 24 या 36 फोटो वाली रीलें भी उपलब्ध हैं।

आस्ट्रेलिया पोस्ट से घर तक आने-जाने की पहचान बन चली है। अच्छा लगा। एयरोग्राम खरीदकर लिखने लगता हूँ।

अजीत राही का गरिफ्त से फोन आया है। मेलबर्न से 650 किलोमीटर की दूरी पर गरिफ्त है। जहाँ भारत छोड़ने से पहले मैंने एक मित्र से पता पाकर अजीत राही को खत लिखा था, अपने संक्षिप्त-आस्ट्रेलिया प्रवास के बारे में। फोन तक नहीं प्राप्त हो सका। तीस साल पहले वह हमारे यहाँ चंडीगढ़ भी आया था, माँ से मिला। फिर बीच में दिल्ली उससे मुलाकात हुई, पंजाबी काव्य संकलन भेंट किया था। इधर उससे यह पहली चर्चा है। सात घंटे की ड्राइव की दूरी पर वह हमें बुला रहा है। अचिन्त से उसकी बात करवा दूँ, तभी कुछ तय होगा। मन सैलानी हो उठा है।

अचिन्त के स्वभाव में सहजता है, सेवाभाव भी। अजीत राही के साथ वह अगले रविवार का प्रोग्राम तय करते हैं। शनिवार सुबह चलकर हम गरिफ्त पहुँचेंगे। रवि शाम को वहाँ से मेलबर्न के लिए लौटेंगे। दूरी और दरियादिली साथ-साथ चलेंगी।

विदेश में भारतीय या कोई भी प्रवासी श्रम, लगन अथवा योग्यता, प्रतिभा के सहारे ही टिक सकता है। कितने चेहरे सामने हैं। सामान्य या विशिष्ट। इन्होंने

जमकर मेहनत की है। दूसरों के मुकाबले खुद को बेहतर सिद्ध किया है, तभी अपना स्थान इस निजाम में बना पाये हैं। दलजीत, मक्खन, अमरजीत, सैनी, अचिन्त या नीलम, मीनाक्षी, शहनाज बेगम, पूनम आदि। कितने ही कर्मठ और प्रतिभा सम्पन्न चेहरे मेरे सामने हैं जिनको मैंने जाना है। जिनसे मिला हूँ। अन्य अनेक और भी हैं, जो कहीं आगे जाने के इच्छुक हैं। छटपटा रहे हैं। ये लगातार 10 या 12 घंटे काम कर सकते हैं। काम करते हैं, तभी बने हुए हैं। यहाँ काम आराम नहीं, काम ही है।

मक्खन साथ वाली स्ट्रीट में रहते हैं। एक बैंक में कार्यरत। इनकी पत्नी एक कम्पनी में जॉब करती है। दो-तीन बार हो गये हैं हमारे यहाँ। बुला गये हैं। रात खाने पर उनके यहाँ नयी पीढ़ी के अनुभव जानकर सन्तोष होता है।

श्री अरुण गुप्ता से, मिसेज आशा गुप्ता के साथ मिल रहा हूँ। 27 जून की रात वे अपने यहाँ एक छोटी-सी गोष्ठी, चार-पाँच परिवारों को बुलाकर कर रहे हैं। उसी के लिए मुझे आमन्त्रित करने आये हैं। अच्छा लगा। एक मेलबर्न यहाँ भी भारतीय संस्कारों से युक्त जीवित है।

❑

12

ज़िन्दगी ज़िन्दादिली का नाम है, उनके लिए

पाश्चात्य सभ्यता में रहते भारतीय भी कभी-कभार उसी रंग में रंग जाते हैं। वैसी ही आदतें अपनाते हैं। स्वभाव के साथ यह उनकी जरूरत भी हो सकती है। जैसा देश वैसा भेष। और उस पर अपनी मौलिक सोच और सभ्यता के अनुरूप अमल भी भला ही लगता है।

शनिवार छुट्टी का दिन है, पहले तय हो चुका था कि आज सभी जल्दी तैयार होंगे। पिकनिक के लिए निकलना है। पर यह भ्रमण इतना लम्बा भी हो सकता है, मैंने इसकी कल्पना नहीं की थी। समुद्र तट यहाँ आसपास ही काफी है। सुन्दर भी लगे। पर आज कहीं चार सौ किलोमीटर दूर पड़ते ग्रेट ओशन रोड से आगे तक हो आने के लिए निकला जा रहा है। हॉपर्स क्रॉसिंग से लगभग डेढ़ सौ किलोमीटर पार करने पर प्रकृति अपनी छवियाँ खोलने लगी है।

मन्त्रमुग्ध करने वाली हवा में दूर तक खुल रहा समुद्र का सीना लुभा रहा है। जीलांग होते हुए हम लौरा से आगे सरक रहे हैं। काली साफ सड़क जितनी पीछे छूट रही है, वैसी और उससे कहीं ज्यादा आगे खुलती जाती है। दोनों तरफ सावधानियाँ, संकेत चिह्न और सूचनाएँ पढ़ता जा रहा हूँ। बार-बार गति सीमा बदलती रहती है। अपोलो वेज तक हमारे बायें अनन्त सागर है, दायें साथ-साथ ही ऊँचे पहाड़ और बीच में मुड़ती, उठती, चढ़ती सड़क, जिस पर दोनों ओर से सरपट कारें आतीं, निकल जाती हैं। शनिवार की वजह से ही परिवार गाड़ी के पीछे कारवाँ बाँधकर, अपने लक्ष्य तक शीघ्र पहुँच जाना चाहते हैं।

बहुत उजला दिन खिल रहा है। धूप में पूरी चमक है। हवा बराबर चल तो रही है पर इसका अहसास कार का शीशा गिराने पर ही हो पाता है। ऑटो आपरेट गाड़ी के शीशे गिराने-उठाने के लिए पुश बटन छेड़ता रहता हूँ। जीवनक्रम की तरह ऊपर-नीचे होते विंडोपेन्स भी शायद कुछ कह रहे हैं। स्टेयरिंग पर

अचिन्त एक सौ बीस की गति से चला रहा है और म्यूजिक सिस्टम के कैसेट अदला-बदली करता रहता है। पीछे मनु-स्वीटी और योगू सन्तरे छील रहे हैं। ड्राईफ्रूट की मुट्ठी भर-भर खा रहे हैं, कभी-कभी हमें भी थमा रहे हैं।

जीलांग, लारा, अपोलो-बे, हर जगह सैलानी केन्द्रों पर रुकी गाड़ियों का गणित पहचानता रहा हूँ। कहीं-कहीं गाड़ी धीमी होती है तो समुद्र तट गौर से निहारता हूँ। कोई खेल पानी पर चल रहा होता है। कितना अदम्य साहस है यहाँ लोगों में। जीवन जोखिम में डालना, उसका मजा लेना या उससे कुछ सीखना।

कहीं-कहीं कार रोककर अजनबी सैलानी या छुट्टी की मुद्रा में निकले चेहरे फोटोग्राफी कर रहे हैं, बारीकी से। वीडियो पर टिकी आँख नजारे को कोण दे रही लगती है। और मौसम को मनाने या दिन को भोगने का यह तौर-तरीका हमें भा जाता है। ये खायेंगे तो तन्मयता से, देखेंगे तो तन्मयता से, जीएँगे तो भी तन्मयता से। कहीं हड़बड़ी नहीं। हाँ, चलते जाते जरूर कुछ चेहरे मुझे तेजी से भागते लगते हैं, पर सन्तुलन वहाँ भी कायम है। यह जीवन शैली अवकाश को सार्थक कर देती है। थकान उतारकर ही ये लोग घरों को लौटते हैं। आधी रात तक, हल्के जिस्म। ऐसा अचिन्त बता रहे हैं।

बीच राह में, समुद्र तट की लहरों को पहचानते-परखते हम थर्मस से कॉफी का आनन्द ले रहे हैं। साथ पोटेटो फिंगर्स हैं। आलुओं की ये उँगलियाँ अब तक इतनी गर्म कैसे हैं? शायद सहेज कर, लपेटकर लाया गया है इसे। योगू साथ-साथ फोटो खींच रही है। और कभी-कभार अचिन्त भी अपनी जरूरत के लिए तस्वीरें लेने लगता है।

अब हम 'ट्बेल्व रॉक्स' पर हैं। बारह चट्टानें ठीक समन्दर के बीच उभरी, तनी हुई हैं। जिन्हें देखने, निहारने का यहाँ अपना एक अलग अन्दाज है। आनन्द भी। शायद इसीलिए भीड़ में तरह-तरह की सुगन्ध उभर आयी है। लगता है कई मुल्कों से पर्यटक आज यहाँ उभरे हैं। ज्यादातर तरुणियाँ सिगरेट पीती दिखायी देती हैं। तम्बाकू का चलन लगता है ठंडे देशों में कुछ अलग ही है ज्यादा।

कुछ और आगे जाकर जो जगह दिखायी जा रही है, इसे 'लन्दन ब्रिज' कहते हैं। कभी यहाँ चट्टानों का बड़ा पुल था, समन्दर पर ही। अब टूट चुका है। पर पिलर्स के रूप में चट्टानें बाहुबली-सी तैनात हैं। यहाँ से आँखें हट नहीं रहीं। हवा की ठंडक आँखों को भा रही है और मन-मस्तिष्क को सन्तोष दे रही है। परिधानों की अजीब-सी प्रदर्शनी यहाँ अचानक देखने को मिलती है। बताया जाता है कि मेलबर्न से 400 किलोमीटर दूर आ चुके हैं हम...

रास्ते में ही हरी-भरी चरागाहें, बंजर से खेत, उनमें चरती गायें और भेड़ें देखकर देहाती आस्ट्रेलिया का अनुभव होने लगा है। काँटेदार तार हर कहीं तनी है। बीच-बीच में फार्म हाउस है। ऊँचे पेड़ों के झुंड उनके साक्षी हैं। दिन भर कहीं कोई बस, लॉरी आती-जाती हमें नहीं मिली। यहाँ रात को बसें लम्बे रूट पर निकलती हैं। ऐसी सूचना है।

अब तक सबकी भूख जाग पड़ी है। खाने की मुनासिब, आरामदायक, मुक्त जगह तलाश कर चादरें बिछा दी गयी हैं। पेपर प्लेट्स में कढ़ी-चावल, पूरियाँ, आलू पनीर, अचार, सलाद। और न जाने क्या-क्या परोसा जा रहा है। बाहर आकर भोजन और भी स्वादिष्ट हो जाता है क्या?

अचिन्त चौधरी धुन के धनी हैं। यहीं तक आकर उन्हें सन्तोष नहीं हो रहा। साफ मौसम का फायदा उठाकर और आगे, भीतर, कंट्रीसाइड हो चले हैं। समन्दर के साथ-साथ मुड़ती उठती सड़क। लौटते चलते सैलानी प्रकृति की पूजा में नीलगगन के नीचे सरपट गाड़ी में भागते जाते हैं। घड़ी ने चेताया, साढ़े चार बज रहे थे। अरुण-आशा के यहाँ आज रात खाने पर हम सभी आमन्त्रित हैं। गहराती शाम और उतर रही रात का लुत्फ लेते हम, बरखा की बौछार में लौटते हैं तो दिन भर की थकान महसूस होने लगी है।

'चना जोर गरम' मेले में भारतीय संस्कृति साकार हो रही है। एक बड़ा हाल है, जिसके बाहर, चारों तरफ घूमने पर भी हमें पार्किंग नहीं मिल रही। तो इतनी भीड़ है? अन्दर का अन्दाजा मैं बाहर से ही ले रहा हूँ। हिन्दी निकेतन का वार्षिक आयोजन है यह मेलबर्न में। अचिन्त ने 25 डालर देकर पारिवारिक सदस्यता ले ली है। वे अतिथि के रूप में मेरा भीतर स्वागत कर रहे हैं। चंडीगढ़ के श्री चोपड़ा से यहीं भेंट होती है जो निकेतन अध्यक्ष सुशील शर्मा से परिचय करवाते हैं। लेकिन अध्यक्ष व्यस्त हैं अभी। प्रो. दिनेश श्रीवास्तव इधर हिंदी कोआर्डिनेटर हैं यूनिवर्सिटी लाट्रोव में। हल्की-सी बात के बाद उन्हें भी कोई ले जाता है। आयोजकों की व्यस्तता का अनुमान मैं लगा सकता हूँ।

खान-पान, खरीद। हलचल, हंगामा। संगीत भी अन्दर 'चना जोर गरम' मेले में सब सुलभ हैं। मेहँदी, गोटा-किनारी, पान से लेकर खादी प्रदर्शनी, साड़ी-सेल तक। समोसे, टिक्की-पकौड़ों की स्टाल्स पर भीड़ है। मंच पर भंगड़ा चल रहा है। गैलरी में चलकर हम बैठना चाहते हैं तो कई परिचित चेहरे आ घेरते हैं। महानगर में मिलन-माध्यम मेले ही सही, किसी बहाने आपसी संवाद बनता है। कोक के टिन हमारे हाथों में हैं, 'चना जोर गरम' की पुड़िएँ भी। एक महोत्सव का-सा आलम और शोर भारतीयता की सही पहचान देने लगता है। पान खाकर

मैं स्वयं को तृप्त अनुभव करने लगा हूँ।

योगू और अचिन्त ने आज रात एक परिवार को अपने यहाँ खाने पर बुला लिया है। फ्रुडस्क्रे मार्किट की अपनी रौनक है। सब्जी-फ्रूट की दुकानों पर कितने ही स्थानीय फल मेरे लिए नये हैं। साथ ही मछली-मीट की मार्किट इतने बड़े पैमाने पर मांसाहारी बिक्री का अनुमान करने लगा हूँ। खाने से पहले सैनी (डोगर मल) कुछ ज्यादा ही पी जाते हैं, बहकने लगते हैं। इस बार इनकी बातें कलई खोलने वाली हैं। रघुवीर और उनका परिवार डिनर के बाद जा चुका है। सोचता हूँ यहाँ सोशल होने के लिए सर्किल बनाना जरूरी-सा लग रहा है।

ग्रेट ओशन रोड घूमकर सागर की गहराई नापने का प्रयत्न करता रहा हूँ। लम्बे चौड़े तट से कहीं बेहतर है उसकी गहराई में उतरना। जीवन की गम्भीरता और विशालता के लिए क्या यह जरूरी नहीं। मेलबर्न में लोग सागर से गहरे भी मिल रहे हैं, प्रसन्नता की बात है। यहाँ यारा दरिया, रियाल्टो टावर या सुपर स्टोर्स की तरह ही, दो एक गहरे दोस्त बन पायें तो संवाद का सिलसिला बना रह सकता है।

मेरे अन्दर के सागर में मन्थन चल रहा है। विचारों की गहराई बाहर नहीं आ रही अभी। कितने-कितने चेहरों को मिलकर भी मन अभी पहचान नहीं कायम कर रहा। यहाँ पहचान का रंग गहराएगा, तभी मन शान्त हो पाएगा।

❑

13

खुशियाँ तो हैं पर दुःख भी है साथ

ईश्वर और इतिहास के नाम उपहार है प्राकृतिक संस्कृति। इस पर आस्ट्रेलिया वासियों का ध्यान केन्द्रित रहता है और यही 'ध्यान' उनसे बड़े-बड़े कारनामे करवा जाता है। हिम्मत और साहस के धनी इन लोगों के पास कुछ भी असम्भव नहीं है। हर असम्भव को सम्भव बना डालने में माहिर इनके इरादे लोगों को बुलन्द रखते हैं।

यहाँ की जातियाँ आत्मविश्वास अर्जित करती हैं...यही आत्मविश्वास जब साहस प्रदान करता है तो 'कुछ भी' आसान हो जाता है। तभी तो आस्ट्रेलिया मूल के साहसी लोग कुछ भी कर गुजरने का माद्दा रखते हैं। इरादा रखते हैं बुलन्द शख्सियत वाला। यहाँ प्रकृति का मंच है खुला आकाश। खतरों से खेलना रोजमर्रा की जिन्दगी का हिस्सा है यहाँ। जाँबाज, जुझारू प्रवृत्ति के मालिक मौत तक का मखौल करते मिलते हैं। रोमांचक और करिश्माई करतूतें अचानक आने-जाने वालों का ध्यान खींचती हैं तो तालियों की गूँजती ध्वनि इनमें और ताकत भर देती है। तरुणाई और ताकत के तहत नंगी बाँहों पर उभरे प्रतीक पुष्टि कर जाते हैं इनके पौरुष की। परम्परा निभाकर भी नया, आधुनिक या अतिरिक्त अज्ञात काम कर दिखाना यहाँ हुनर भी हो सकता है, शौक भी। उम्र यहाँ कहीं आड़े नहीं आती। मन से सदा जवान रहने वाले चेहरे मेलबर्न में भी मौज-मस्ती के अतिरिक्त बहुत कुछ आकर्षित करने वाला, उपयोगी कर जाते हैं। ये लोग इस तरह खिलाड़ी कहलाते हैं।

विश्व संस्कृति का एक अंग है आस्ट्रेलियन कल्चर। स्थानीय या छुट्टी मनाने आये लोग मिलकर मौसम का महोत्सव मीठा करते हैं तो मन मयूर नाच उठता है। तरंगें दौड़ती हैं दिलों में और गतिमय जीवन गौरव प्रदान कर रहा होता है।

समुद्र के किनारों पर जगह-जगह मछली पकड़ने के शौकीन तरह-तरह

के जाल डालकर अपनी सहनशीलता का परिचय दे रहे हैं। खास तरह के घाट मछली पकड़ने के लिए बनाये गये लगते हैं।

—गोताखोरी अभियान में लगे हैं लोग।

—नौकानुमा पनडुब्बियाँ सँभाल रहे हैं।

—एक दम्पती मछलियों की एक हजार से ऊपर किस्में गिनवाने का दावा कर रहा है।

—मूँगे के टापुओं की श्रृंखला है कहीं-कहीं।

—मछलियाँ मूँगों पर लगी काई खाती हैं।

—देर से, अनुभव के बाद, यह बात समझ में आती है।

—पकवानों में मछली का महत्त्व बढ़ा हुआ है।

और यह सिलसिला यहाँ की संस्कृति का विस्तार करने लगता है। स्थानीय मसखरे, कॉमेडियन स्थितियों के रंग को उभारकर दिखाने के यत्न में लगे हैं। मूम्बा मेलबर्न फेस्टिवल में परी कहानी-सी लोककथाएँ दिखाई दे रही हैं। पहनावे से पहचानी जाती हैं। एल्वर्ट लेक के पास, ग्रेट ओशन रोड पर दीवानगी दिखाई देती है चेहरों की। झूमते भी, झूलते भी। पोर्ट फेयरी-विक्टोरिया का रंग कुछ अलग है। यह स्वाद, अनुराग, देखने भोगने वाला साथ ले जाना चाहता है। संगीत, साज और साज़िंदे धुनों के धनी कई तरह के धर्म निभा रहे हैं। लय और ताल में सामूहिक होकर सबको भा रहे हैं।

यहाँ लोग और धरती प्रेरणादायक हैं। ढीले होठों के साथ फूले कपोल और कितने करतब दिखाएँगे। थक नहीं जाएँगे? पर नहीं, ये तो लगातार, अथक योद्धा की तरह अपने मोर्चे पर संगीतमय कर रहे हैं माहौल को।

पटाखों, आतिशबाजियों से बेहतर और रौनक प्रदान कर रही है ऊँचे उठते पानी की रोशनी। फोक-फेस्टिवल के सिंगर पारम्परिक पहनावे में आमोद-प्रमोद करते और समय में रंग भरते चलते हैं—देखो, देखो। घुटे हुए सिरों के हुजूम में कुछ लड़कियाँ भी हैं, वैसी ही।

अंडर-सी-वर्ल्ड का पानी, और इसकी ऊपर से दिखती कहानी अलग कैसे है? हाथ में झँडियाँ, सिरों पर छतरीनुमा टोपियाँ, लम्बी कतारों में तैरती नौकाएँ एक चित्र पेश कर रही हैं। सैलानियों को यह विचित्र लगता है। वेरामुंडी मछली और सफेद वाइन का मेल हर बार या रेस्तराँ में दावत देता है। बच्चों, तरुणों और किशोरियों के साथ उतेजित भीड़ का उत्सव क्या कह रहा है?

यहाँ संस्कृति के कितने चेहरे हैं। बहुत गहरे इनका जायज़ा कहीं तो लिया जाता होगा। औसत नज़ारे चौंकाने वाले भी हैं, भगानेवाले भी। तैरते उतराते समाज

में मूल्य और महत्त्व बदलते दिखाई दे रहे हैं। चेहरों पर ताज़गी, आँखों में चमक और पैरों में गति, विकसित देश की सम्पन्नता का प्रदर्शन है क्या? वॉकमैन कानों पर और आँखें खुले माहौल पर? यही तो हँसते-गाते मौसम का एक पहलू है।

कभी ऐसे चेहरों को रोते-सुबकते भी देखा-सुना जा सकता है। पारिवारिक बिखराव, तलाक, नशे की लत, विद्रोह, जिद और राजनीतिक बिखराव का धुआँ इन्हीं चेहरों को काला क्यों कर जाता है? हँसी के मौसम में यह कौन इन्हें रुलाता है? शरीर और मन की सहने की भी तो एक सीमा होती है। आप ग़ौर से अध्ययन करें, यहाँ नीचे तक निचुड़ते-टपकते आँसुओं की बाढ़ मिल सकती है। पर इस पर कोई विश्वास करेगा?

एक फैशन हाउस में घुस जाइए, कई घंटे का यहाँ का संसार निहारते आप तरोताज़ा हो जाएँगे। थकान उतारने वाले 'मॉडल' बहुत अलग और आने वाले समय की पोशाकों में है। क्या फैशन यहीं से निखार या विस्तार पाते हैं? कपड़ों और रंगों के हजारों नमूने आँखों को लुभा जाते हैं। आदमकद दर्पण हर मोड़ पर घूमने वाली दिशाओं में लगे हैं। दर्शक लड़की खुद को एक बार शीशे में निहारती, तो दूसरी नज़र से फैशन-संसार को बाहर से बुहारती है। सैंडिल, स्कर्ट, जीन्स, नेकर से लेकर ओवरकोट, बिकनी, ब्रा तक सब प्रदर्शन में शामिल हैं। गलियारों से घूमता-मचलता मन अब तक कुछ खरीदने का मन बना लेता है। ऊपर नज़रें उठती हैं तो छत पर लटक रहे अनेक डिजाइन लगातार उधर ही देखने, देखते रहने को विवश करते हैं। बेसमेंट की सीढ़ियाँ उतरे बगैर मैं साढ़े तीन घंटे यहाँ घूमकर, प्रदर्शित फैशन आइटमों के साथ दर्शनार्थियों, ग्राहकों और उनकी सहयोगी कम्पनी की तुलना करता बाहर आ रहा हूँ।

हाई स्ट्रीट अर्मेडले, टूरक रोड और चापेल स्ट्रीट से लेकर कार्लटन की लीगन स्ट्रीट, एस्पलांडे, किडा, विलियम्सटाउन, नेलसन प्लेस तक जहाँ-जहाँ भी घूमा हूँ एक बदलती बहार बराबर देखता रहा हूँ। चाइना टाउन के सिनेमा म्यूजियम से लेकर सस्ते-महँगे रेस्तराँ तक में फैशन हाउस मुझे साथ चलता मिला है। इसकी शोखी, डैश और संजीदगी भी कई तरह से लुभाती रही है। स्थिर, टिका-टिका-सा मन कई बार यहाँ से बिदका है और कई बार उखड़कर केन्द्रित भी होता रहा है। एक चाह, ललक या लाचारी, पर्यटकों को ही नहीं, स्थानीय लोगों को भी इस संस्कृति से बाँधती है। बन्धन का यह रिश्ता फैशनेबल होने या बने रहने की हसरत को समर्थन प्रदान करता है।

रंगमंच या थियेटर के लिए मेलबर्न में बहुत जगह है। रंगकर्मी सम्मानपूर्वक जीवन जीते हैं और बेहतर जीवन शैली के लिए कला को समर्पित हैं। यह शौक

इनमें स्कूल या कॉलेज–यूनिवर्सिटी से ही नहीं आता। इन्हें भाता है, तभी कोई समय दे पाता है। कॉमेडी, संगीत, नाटक, हाई ड्रामा अथवा क्लासिक नाटक, हर शाम आप अपने शौक के अनुसार मेलबर्न के थियेटरों में देख सकते हैं। रंगशालाओं की भरमार है शहर में। टिकट दस से बीस डॉलर तक। नाटकों की समयावधि आमतौर पर छोटी रहती है। मनोरंजन, शिक्षा, टाइम–पास, तफरीह, किसी भी इरादे से थियेटर का टिकट खरीदें, आपको तसल्ली होगी। प्रायः हर रंगशाला में, थियेटर के साथ अच्छा रेस्तराँ आपकी जरूरत पूरी कर देगा। कुछ थियेटर रेस्तराँ भी फैशन हाउस की तरह खुशबुओं–रंगों से लबालब मिल सकते हैं। कलात्मक–शो के चाहवान यहाँ प्रतिदिन अखबारों से जानकारी पाते हैं। ओपेरा, बैले या कोई कन्सर्ट देखने के शौकीन स्थान की दूरी, साधन और लक्ष्य का चुनाव करते हैं। संगीत संसार में ऑरकेस्ट्रा से लेकर अधुनातन शैली के कर्णप्रिय माध्यम थियेटरों में अलग से सुनने के लिए सुलभ हैं। मनोरंजन चाहने वाले भी पूरी तन्मयता, गम्भीरता से नाटक देखते, सराहते हैं।

सिनेमाघरों में इसी तरह विदेशों की ताज़ा रिलीज़ हुई फिल्में आप देख सकते हैं। पुरानी–मशहूर फिल्में भी कहीं–कहीं दोबारा दिखाई जा रही होती हैं, बताकर कि अमुक साल यह रिलीज हुई थी। नयी फिल्में ही आमतौर पर अच्छे सिनेमाघरों में प्रदर्शित होती और भीड़ खींचती हैं। टी.वी., वीडियो के रहते सिनेमा–प्रेमियों का जोश और शौक ठंडा नहीं हो पाया। सिनेमाघरों की हालत अन्दर से भी चित्ताकर्षक है। चुम्बन, आलिंगन यहाँ खुले समाज में जायज हैं तो छविगृहों में यह सहज–सामान्य लगने लगता है।

मेलबर्न में सूरज डूबने के साथ–साथ शहर की बस्तियाँ चमकने लगती हैं। स्ट्रीट लाइट्स, मर्करी–न्योन–वेपर्स, गाड़ियों की हेड लाइट्स से लेकर दिल तक की रौशनी उजली जगमगाती है तो रात्रिकालीन क्लबों में गहमागहमी जोर पकड़ने लगती है। युवा दिल चेहरे सिनेमा, नाटक, डांस किसी भी मनोरंजन को तरजीह न दें तो रेस्तराँओं में गपियाते, बहसें करते पाये जाएँगे। जोरदार झड़पें देखकर लगता है अब झगड़ पड़ेंगे। पर ऐसा नहीं। सकारात्मक उत्तेजना और रचनात्मक बहसें इनके दिलो–दिमाग की खिड़कियाँ खोलती हैं। तरोताज़ा होकर ये लड़के–लड़कियाँ ऐसी बैठकों से उठते हैं। बस, ट्राम या रेल पकड़ने तक इनकी लम्बी सिगरेटें सुलगती हैं और फिर बुझा दी जाती हैं, मसलकर फेंक दी जाती हैं। साँस लेने की तरह सत्तर प्रतिशत युवा चेहरों को, जिनमें लड़कियाँ भी हैं, मैंने सिगरेट का धुआँ छोड़ते देखा है।

लज़ीज़ खाने और पकाने के शौकीन भी हैं मेलबर्नवासी। पबों और डाइनिंग

हॉलों का चलन यहाँ एक अलग हलचल पैदा करता है। समाचार-पत्र ही हर रोज़ 'आकर्षण' की सूचना देते हैं। खाना बनाने, परोसने, खिलाने और खाने तक की प्रक्रिया में एक कला यहाँ प्रत्यक्ष देखी जा सकती है। सारे काम 'दिल से' हो रहे हैं। मनोयोग का यह प्रमाण हरेक काम में झलकता है, कांटिनेंटल, आस्ट्रेलियन, चाइनीज़-कोई भी खाना आपकी भूख और पसन्द के मुताबिक तृप्त कर सकता है। सजी-सँवरी प्लेट में सलाद से लेकर दही, पुलाव, पुडिंग तक शाकाहारी या मांसाहारी आप जो भी खाएँ, एहसास बना रहेगा कि उम्दा खा रहे हैं, घर से बाहर, घर-सा बेहतर खाना।

हार्ड रॉक केफ से लेकर प्लानेट हॉलीवुड तक कितनी ही अन्तर्राष्ट्रीय श्रृंखलाएँ यहाँ नाइट-क्लब के नाम पर सुलभ हैं। लेकिन एक निश्चित समय तक ही यहाँ सेवाएँ प्राप्त होती हैं। अनेक स्थानीय रात्रिकालीन क्लबों में से आप किसी भी एक 'रात' का रहस्य पा रहे हों। कहीं अलगाव, दुराव नहीं महसूस होगा। 'विलेज' के नाम से मशहूर इन ठिकानों पर बदलाव है। बन्दगी-सा। बहुरूपियों के लिए कोई जगह नहीं है।

चौबीसों घंटे खुले रहने वाले क्राउन कैसीनो और मनोरंजन प्रधान कॉम्पलेक्स में 28 रेस्तराँ और 15 बार हैं। स्वयं में यह एक संसार है। यारा दरिया के दक्षिण में स्थित 'क्राउन' एक पहचान है। संस्कृतियाँ यहाँ मिलती, टकराती, बिछुड़ती और फिर कभी आ मिलती हैं। वैज्ञानिक उपकरणों से लैस इस भवन में हर तरह की सुविधा मिल सकती है। गेम या खेल का एक दूसरा समाज यहाँ खेलघर (टेब) में जी रहा है। मेलबर्न और इसके उपनगरों में कितने ही खेलघर उपलब्ध हैं जहाँ टी.वी. पर दौड़ के साथ 'गेम' चलती है। मन की एक-एक कली मचलती है। खेलने वाले और देखने वाले यहाँ एक जैसा आनन्द लेते हैं। वीडियो गेम्स जो बच्चे हमारे यहाँ खेलते देखे जाते हैं। इनसे कहीं बड़े पैमाने पर बड़े बच्चों की तरह ही खेलते और हारते हैं। क्या आस्ट्रेलियन समाज के पास इतना कुछ गँवाने के लिए है? पर ये तो तफरीह के नाम पर हो रहा है। जीतना या हारना नहीं, खेलना है, यही खेल भावना का आनन्द भी है।

मुझे अब बाहर के और अन्दर के भी, मेलबर्न की उपनगरीय संस्कृति को समझना है।

❑

14

बुज़ुर्गों का अकेलापन और वतन की याद

मेलबर्न घुमाने के लिए वातानुकूलित भव्य बसें आसानी से मिल जाती हैं। होस्टेस इनके साथ रहती हैं, बताने-दिखाने के लिए। दिन-रात ऐसी बसों के लिए बुकिंग करवायी जा सकती है। दूसरी ओर, स्थान विशेष के अनुसार इनका किराया निश्चित रहता है। जिसमें 'प्रवेश-शुल्क' शामिल होता है। होटलों या आपके सुझाये बताये स्थानों से ऐसी बसों में आपको 'पिक-अप' किया जाता है। एक-एक दिन के ये भ्रमणार्थ-टूर विक्टोरिया लिटिल पेंगुइन्स, यारा वैली वाइनरीज़, औसी अनुभव, ग्रेट ओशन रोड आदि के लिए चलते हैं। वैलार्ट और सोवेरिन हिल, बीचिज़ ऐंड बेज, ग्रेम्पीयन, ऐचूरा या मेलबर्न में वेस्ट-सब दिखाने के लिए भी अलग-अलग गाड़ियाँ सैलानियों को घुमाती हैं। ऐसे में अपनी दृष्टि से तो दृश्य देखते ही हैं, गाइड, होस्टेस के अलावा दूसरे देशों के पर्यटकों के साथ रहते नज़ारे और रमणीय हो जाते हैं। टूअर और ट्रांसपोर्ट ऑपरेटर्स के तौर पर लगभग दस हजार एजेंसियाँ पूरे आस्ट्रेलिया में काम कर रही हैं। कुछ बसों में भ्रमण टिकटों के साथ ठंडा पीने के लिए पाँच-पाँच डालर के वाउचर निःशुल्क प्रदान किये जाते हैं। सौगात के तौर पर पाये इन कूपनों को सैलानी याद तो रखते ही हैं, साथ ही इन बसों में 'प्रसाधन' सुविधा भी रहती है। वॉश रूम, पीने का पानी आदि बस में पाकर सैलानी प्रभावित हुए बिना नहीं रहते।

फिलिप आइलैंड की मशहूर छोटे पेंगुइनों की परेड देखने जाने वाले भ्रमण के लिए हमने दो टिकटों के एक सौ अस्सी डॉलर किराये के तौर पर दिये हैं। बच्चों का टिकट 40 डॉलर और रियायती 75 डॉलर है, जिसे सीनियर सिटीजन या बाहर के सैलानी बताकर लेते हैं।

समुद्र तट के चुने हुए क्षेत्र यहाँ हमें मेलबर्न के उपनगरों में देखने को मिल रहे हैं। हरेक तट पर कुछ अलग ही नज़ारा है। हलचल कम है, पर ध्यान आकर्षित

करने के लिए काफी है। पोर्ट फिलिप बे के साथ-साथ हम रम्य दृश्यों वाली ड्राइव का मजा ले रहे हैं। चौड़े साफ शीशों में से प्रकृति का विस्तृत फैला आँचल आनन्द दे रहा है। कोआला, मोटे और प्यारे, बीच-बीच में सामने से निकलते हैं। पर कोआला कंजर्वेशन सेंटर पर इनसे मिलना एक अलग अनुभव दे रहा है। प्रसन्नचित दिखते ये जीवन मनुष्य को खुश बने रहने का भी नहीं दे रहे? सैलानी सूचना केन्द्र से इनके बारे में अधिक विस्तृत जानकारी मिलती है।

शाम होते-होते गहरे अँधेरे से पहले ही फिलिप आइलैंड की बड़ी बत्तियाँ माहौल को चुँधियाने लगती हैं। यहाँ और आसपास के अन्दरूनी जीवन का अपना एक अलग अध्ययन है। पानी से निकले पेंगुइन अन्दर मछलियों से मनुहार की मुद्रा बनाये रखते हैं और बाहर सैलानियों से पंक्तिबद्ध नुमाइश में खड़े दिखते पेंगुइन एक अलग ही नज़ारा दे रहे हैं। सील रॉक, नोबिस के दृश्य इनसे बिल्कुल हटकर हैं। रात उतरते ही यहाँ शीत प्रकोप बढ़ने लगता है। जानकार लोग घर से ही गर्म कपड़ों का पूरा प्रबन्ध करके निकलते हैं। फिर भी कुछ छींक-पर-छींक मारते सुने जाएँ तो उन्हें सहयात्री थर्मस से ब्रांडी जैसा पेय प्रस्तुत करते हैं। पानी पर चमकती है रोशनी। रोशनी में चमकते हैं पेंगुइन। और नर-मादा पेंगुइन के असंख्य युगलों को देखकर चमकती हैं पर्यटकों की आँखें।

छोटे पेंगुइनों की जीवन शैली को निहारना, समझना एक अलग अध्ययन है। सेन रेमोमेरीटीमे फिशिंग विलेज से लेकर फ्रेंच आइलैंड के पार तक के नज़ारे हमें मनोरंजन भी देते हैं, शिक्षित भी करते हैं। प्रकृति के मुक्त खजाने से शीत की यह सौगात रात साढ़े ग्यारह बजे हमें वापस अपने ठिकाने पर पहुँचाती है।

यहाँ आस्ट्रेलिया की सबसे पुरानी 'स्टीम ट्रेन' में सवारी भी आज एक अलग अनुभव लग रहा है। इधर की किंसान परम्पराओं को जानने के अवसर भी मिल सकते हैं। बीच में आप चाहें तो घर जैसा भोजन भी रेस्तराँ से खरीद और खा सकते हैं। कंगारुओं को हाथ से खिलाकर कहीं अच्छा लगता है तो दूसरी तरफ 'वॉटर बर्ड्स' पानी के पखेरू आपका मनोरंजन करने पर तुले मिलते हैं। कोइला और कंगारू के करतब तो कमाल के नज़ारे दिखाते हैं। पानी के अन्दर और पानी के बाहर पेंगुइन, मछली, कंगारू, कोइला कितने ही रंगों से सैलानियों को बाँध लेते हैं। पफिंग बिल्ली हो या बारूक, कैटल फार्म हर जगह प्राकृतिक नजारों में जीव-जन्तु कुछ कहते, बहुत कुछ पूछते जान पड़ते हैं। इनकी आँखों में देखिए, एक खुद्दारी, एक करुणा भी, जुदा-जुदा स्थितियों में मिलेगी। 'फ्री औसी टी-ऐंड-टुकर' वाली। चाय का सुबह की पारी में भ्रमण करते, आनन्द कई गुणा हो जाता है। यहाँ सुबह चलकर शाम साढ़े पाँच तक लौटा जा सकता है।

ठंड भोगते लम्बी चोंच वाले पेंगुइन, हर ओर झिलमिलाती शीत रातों की छनती गहरी रोशनी, कंगारुओं, कोइलाओं की कलाबाजियों, बीच-बीच में नथुनों से टकराती जंगली हवा और उदास मन की कल्पनाएँ सैलानी को कहाँ-कहाँ जोड़ सकती है, विचारणीय है। तेज धूप की मिठास और कँपाने वाली शीतल हवाएँ जब आवरण में लेती हैं तो एक बार सैलानी मन ठीक प्रकृति में खो रहा महसूस करने लगता है। डरने लगता है कि कहीं 'गुम' ही न हो जाये। सचमुच पर यह नौबत नहीं आती। डीलक्स कोच वाली गौरी नयी गिनी पहचान बना चुकी एक-एक सवारी को नाम लेकर सम्बोधन करती है तो सैलानी खुद को लौट आया महसूस करता है। बच्चे, लड़कियाँ, वृद्धाएँ-सैर करने वालों में सभी की गति जैसे वाहन से उतरते ही तेज हो जाती है। नज़ारों की हरियाली एक ताजापन लिए सैलानी की आँख में देखी-पकड़ी जा सकती है।

अकेलापन विदेश में कैसे अभिशाप हो सकता है, इसका नमूना अचानक देखने-सुनने को मिल गया। एक रात घूमते हुए अचिन्त कहीं दूर एक युवा दम्पती से मिलाने ले जाता है। दिलशाद और अमनप्रीत मेलबर्न की एक यूनिवर्सिटी में काम करते हैं। घंटी देने, दस्तकें करने पर दिलशाद की मदर दरवाजा खोलती, योगेश्वर और अचिन्त को पहचान कर हमें अन्दर बैठक में ले आती है। औपचारिक बातों के दौरान चाय पीते-पीते दिल खुलने लगे हैं। दिलशाद के पिता यहीं हमारे साथ आ बैठते हैं। दिल्ली से सेवानिवृत्त होकर इन्होंने बड़े बेटे को आस्ट्रेलिया भेजा तो छोटा भी बाद में यहीं चला आया।

अपना पंजाबी बाग का घर इन्हें बार-बार याद आ रहा है। बेटा-बहू नौकरी पर निकल जाते हैं। बच्चे स्कूल भेजकर माँ-बाप दोनों खुद को खाली पाकर उदास होने लगते हैं। मंदिर-गुरुद्वारा कहीं पास नहीं कि दिन में इनका समय गुजर जाये। पंजाबी, उर्दू का वैसा अखबार यहाँ नहीं मिलता, जो पढ़ सकें। टी.वी. देखने में ज्यादा दिलचस्पी नहीं, ऊपर से मलाल कि बेटे-बहू ने इन्हें स्पांसर किया, बुलाया है। छोटे बेटे का संघर्ष-काल है। अपने काम के लिए इसी सन्दर्भ में घर में खिंचाव रहने लगा है कि माँ-बाप बच्चों को बेटे-बेटी को या बहू को, इधर बुलायें, स्पांसर करें तो स्थिति दूसरी होगी। पर ये अपने बेटे-बहू के बुलाये छह मास से इधर पड़े दुःखी हो रहे हैं। अकेलापन भोग रहे हैं। घर में बहू भी कमाती है, इसलिए कुछ भी कहे का असर 'उन्नीस' रह जाता है। औलाद जब माँ-बाप को बुलाकर अपने पास रखती है, रिटायर्ड माँ-बाप की तो स्थिति कुछ और होती है। यदि माँ-बाप इधर काम पर हों और औलाद को भारत, पंजाब या कहीं से भी बुलाए, तो निश्चय ही हालात और तरह के होंगे। अकेलापन

काटते वृद्ध यों सन्तप्त महसूस नहीं करेंगे।

सुन्दर सुरुचिपूर्ण घर में सार्थक संवाद भला किसे अच्छा नहीं लगेगा। डॉ. अरुण पिछले बीसेक वर्षों से मेलबर्न आ टिके हैं भारत से। जया शर्मा की दिलचस्पी साहित्य और पत्रकारिता में है। वे वी.एस.बी.एस. रेडियो के लिए काम करती हैं। जया की माता जी दिल्ली से इन दिनों आयी हुई हैं। घर पर ही मिले दो छोटे बच्चे प्यार दिखाकर ऊपर वाली मंजिल पर निकल गये तो हम स्थानीय संस्कृति, भारतीय परिवारों की समस्याएँ, शिक्षा, संगीत जैसे विषयों को स्पर्श करने लगते हैं। यहाँ अधिकतर मकान एक मंजिला ही दिखाई दिये हैं जिनके ऊपर खुला फैला आकाश और अधिक खुलता जान पड़ता है। ऊँचे पेड़ों के झुरमुट या पहाड़ भी दूरी पर हैं। ऐसे में जया-अरुण का दो मंजिला मकान मन को भा जाता है। फिल्म के लिए बनाए सेट-सा। यहाँ भीतर ही सारी सुविधाएँ हैं। बैठक से मिली खुली रसोई, गलियारा, टैरेस, बगल के कमरे और सामने, ऊपर जाती घुमावदार सीढ़ियाँ। इनकी मदर दिल्ली से अध्यापिका पद से रिटायर होकर आयी हैं। साहित्य और समाज का घालमेल नये अन्दाज में सामने रखती हैं तो एक और दृष्टिकोण समझ में आने लगता है। आस्ट्रेलियाई समाज की तरह पूरे परिवार में एक ओज है। गति, लय और दृष्टि भी। पर मुहावरा ठेठ भारतीय। योगेश्वर ने एक पत्रिका के लिए डॉ. अरुण का इंटरव्यू लिया है। अचिन्त मेलबर्न में रहते अपने अनुभव बताने लगे हैं। विचार-विनिमय का यह क्रम इतना लम्बा चलेगा, हमने सोचा भी नहीं था। जैसे ही हमारी गाड़ी इनके यहाँ प्रवेश पा रही थी तो अलार्म लाइट जल उठी थी। सोचता रहा कि हम लौटेंगे तो क्या ये बुझ जाएगी स्वयं ही।

अकेलापन क्या यहाँ आस्ट्रेलियाई समाज के लोगों को भी भोगना पड़ता है? घुटन, सन्त्रास या ऐसा ही कुछ आदमी को अभिशप्त क्यों करता है। क्या यह उसकी नियति है? नहीं, मेलबर्न के मुहावरे को मानने, पहचानने वाला यहाँ व्यस्त रहता है। वृद्धाएँ क्लब जाती हैं। गाड़ी निकाली और ताश खेल आयीं या और कितने ही खेल-कुत्ते को साथ लेना, लम्बी सैर पर दूर तक घूम आना, पबों में, बारों में बैठने से लेकर महिलाएँ पोकी खेलने, केसीनो जाने तक के शौक रखती हैं और वयोवृद्ध पुरुष भी। इनके पर्स, डॉलरों से भरे रहेंगे, क्रेडिट कार्डों समेत या ढीले मुँह हारकर भी लौटेंगे तो मलाल नहीं जतलाएँगे।

सेहत के प्रति जागरूकता यहाँ का एक और विशेष गुण है जिसे प्रवासी धीरे-धीरे अपनाने लगे हैं। तैराकी, घुड़सवारी, सैर, दौड़ और ऐसे अनेक साधन हैं जिम समेत जो शरीर को 'फिट' रखने की ओर ले जाते हैं। प्रकृति में रमकर

या पानी की संस्कृति ने यहाँ के वासियों को बहुत कुछ प्रदान किया है। खाने-पीने की आदतें सुधार पर हैं। कहीं-कहीं अतिदीर्घकाय, पर सुन्दर शरीर देखकर उन्हें विश करने को मन हो आता है। हैलो-हाय करते ये भी मुस्कराते हाथ उठाते पास से यों निकल जाते हैं जैसे देर के परिचित हों।

पहाड़ और पृथ्वी, आकाश और इसकी थाह पाने का गणित, समुद्र-दरिया-चरागाहें, भेड़ों-गायों की बहुतायत वाले इस देश में अनेक अन्य माध्यम हैं जहाँ सैलानी रमना चाहें तो यहाँ के मुहावरे के अनुरूप दिलचस्पी लेकर सीख और समझ सकते हैं। पेंगुइन, कोइला या कंगारू के कौतूहल यहाँ खींचेंगे ही, क्योंकि प्रकृति का वरदान तो इन्हें हासिल है ही।

❑

15

स्कूली बच्चे करते हैं दिहाड़ी पर नौकरी

मेलबर्न या किसी भी अजनबी शहर में कुछ हफ्ते या महीने कोई खास असर नहीं रखते। सैलानी और शहर दोनों का अजनबीपन धीरे-धीरे दूर होता है। अपेक्षाएँ अपनी-अपनी जगह हैं। पहचान बनाने, परिचय स्थापित करने में मुझे भी समय लग रहा है। पर मैं सन्तुष्ट हूँ। हॉपर क्रॉसिंग में अचिन्त चौधरी के यहाँ इन दिनों अलग-अलग समय पर कुछ परिवारों से मिलना हुआ है। उनके नजरिये से स्थितियों, स्थलों, मुकामों के बारे में बातचीत होती रही है। मेलबर्न की पर्तें धीरे-धीरे खुल रही हैं।

अनेक परिवारों, परिचितों-मित्रों के यहाँ योगेश्वर मुझे ले जाती रही हैं जहाँ भारतीयता, पंजाबियत के साथ पाश्चात्य प्रभाव देखकर मैं अवगत हुआ हूँ एक नयी जीवन शैली से। जितेन्द्र, डोगर, जगजीत, अमनप्रीत, मक्खन, नीलम, मृदुला, जया, कुलदीप, सतनाम, सिर्फ चेहरे नहीं, पूरे व्यक्तित्व हैं, जिनमें पीटर, ऐना, पूसी से अलग बहुत कुछ अपना-सा झाँकता रहा है। यही अपनत्व या अपनापन सामाजिक, पारिवारिक तौर पर मुझे जोड़ रहा है। मीनाक्षी, मनोहर, सुधा जोशी, आशा गुप्ता, प्रकाश जैसे कितने ही नाम हैं जिन्होंने मुझे आस्ट्रेलिया में अजनबी लगने ही नहीं दिया। उनके साथ संवाद, चर्चाएँ, सुबह-दोपहर-शाम की बहसें कितने ही नये पर्दे खोलती रही हैं। सामाजिक सन्दर्भों या पारिवारिक बारीकियों की नयी वाणी बोलती रही हैं। मैं अपने और इनके दृष्टिकोण से महानगर को पकड़ने की खासी कोशिश करता हूँ, पर उपनगरों-सनर्वस में से महानगर, समुद्र, झील, पहाड़, दरिया की दिशा में फिसलता जा रहा है। एक गूँज है जिसे परस्पर हम सुन पा रहे हैं। अनुगूँज में लौटते पल बार-बार मुझ तक आ रहे हैं।

मेलबर्न में 2 जुलाई को सर्दी बहुत ज्यादा उतर रही है। ठंड के मारे सभी कुछ सिकुड़ रहा है। बाहर ठंडी हवाएँ कँपकँपी बढ़ाने वाली हैं। पर हमारा आज

का प्रोग्राम पूर्व निश्चित है। मीनाक्षी ने अपने परिवार सहित हमें ग्लेन बेकर्ली से अपनी गाड़ी में ले जाना है।

अचिन्त चौधरी हर रोज़ की तरह जल्दी उठकर खुद ही तैयार नहीं होते, मनु और स्वीटी के साथ हमें भी फुर्ती दिखाने को कह चुके हैं। घर से हॉपर क्रॉसिंग तक पहुँचने की समस्या हल हो रही है। वे स्टेशन के बाहर हमें उतारकर अपने दफ्तर के लिए निकल रहे हैं। स्वीटी बिटिया नौवीं में पढ़ती है। स्कूल में अवकाश होने के कारण इन दिनों मोविल कम्पनी के दफ्तर में सहायिका का काम निभाएगी, तो उसी अनुपात में डॉलर पा सकेगी। दिहाड़ीदार प्रवृत्ति का यह समीकरण स्कूली बड़े बच्चों के लिए मुझे यों आकर्षक लगा कि दफ्तरी जीवन, फाइलों से ही इनका परिचय नहीं होगा, दफ्तर को भी मदद मिलेगी। राहत का यह रहस्य छात्र-छात्राओं को जेब खर्च दे जाएगा और ऑफिस वालों को सहायता। विशेषज्ञ, माहिर वैज्ञानिक अपना कीमती समय फाइलें उठाने-गिराने या सँवारकर रखने में ही खराब न करें। यह एक सराहनीय कार्यशैली है।

अचिन्त और स्वीटी हमें हॉपर क्रॉसिंग के स्टेशन तक छोड़कर जा चुके हैं और हम एक और दो जोन की संयुक्त अढ़ाई टिकटें मशीन से निकालते हैं। डॉलर अठारह और एक दिन की टिकटें अढ़ाई। मनु-योगू और मेरे लिए पहले-दूसरे ज़ोन का आने-जाने का सफर इससे हो सकता है। ट्रेन के अलावा ट्राम या बस में भी ये टिकटें ही काम आ सकती हैं। आस्ट्रेलिया में यह सुविधा सिडनी, पर्थ या एडिलेड आदि में अन्यत्र कहीं नहीं, सिर्फ मेलबर्न भर में है। हम तीनों फ्लींडर स्ट्रीट से ट्रेन बदलकर ग्लेन उतर रहे हैं। सेलोफोन हमारे साथ है—मीनाक्षी, अचिन्त या किसी भी नम्बर पर सम्पर्क साधने में यही हमारा मार्गदर्शक है।

लोकल ट्रेनों की तेज गति हैरान करने वाली है। अढ़ाई तीन मिनट की तीव्रतर रफ्तार और तभी एकाएक अगले स्टेशन पर पड़ाव। बीच-बीच में क्रॉस करती ट्रेन और भी अद्भुत नज़ारा दे जाती है। यह नज़ारा रात को और भी चमत्कृत करने वाला, रोशनियों के हुजूम में दिखाई देता है।

मीनाक्षी अपने बेटे अमितोज के साथ 'ग्लेन' स्टेशन पर खिली-सी दिखाई दी सचमुच हमें भला लगा।

इतनी ठंड में घर का सुख छोड़कर निकलना कौन चाहता है। पर फोन पर जैसे तय हुआ था, हम मीनाक्षी की गाड़ी में जेलीपार्क का रास्ता अपनाते हैं। मार्ग में खुले इकहरे मकान, शान्त सहज चौराहे। इक्का-दुक्का आती-जाती गाड़ी। लगता है, साढ़े आठ बजे हम शायद जल्दी निकल आये हैं। पर नहीं, आगे बाज़ार में भीड़ पाकर एहसास हुआ कि विश्व के महानगरों की तरह मेलबर्न भी हर

समय गहमागहमी बनाये रखने वाला बड़ा शहर है।

एक झील तक आते-आते रौनक बढ़ रही है, असंख्य पक्षी कंक्रीट की पटरी पर ठुमक-रुमक रहे हैं। बच्चे इन्हें ब्रेड और फलों के टुकड़े डालते हैं। हमारी तरह सामान ढोते कई परिवार आगे पहुँच रहे हैं। झील का चक्कर लेकर बच्चों का कुछ खाने का मूड है।

आगे चिड़ियाघर तक हो आने को जी चाह रहा है। लौटकर कैफेटेरिया से गर्म रोल लेकर हम गर्म चाय और कॉफी से ठंड का प्रकोप कम करना चाहते हैं। सर्दी बढ़ रही जान पड़ती है। बरसात तो बन्द है, पर एक चादर गहरी-सी पसरी हुई है फिजाँ में। हमारे कैमरे की रील रोल हो चुकी। मीनाक्षी ने यहाँ कुछ दृश्यों को 'क्लिक' किया है। दूर दिखते ऊँचे पहाड़, घास की हरी-चौड़ी पट्टियाँ, झील के दोनों मिलते-दिखते छोर और जीवन्त चेहरों की खरमस्तियाँ। गुब्बारे, गायन और पार्किंग के गहरे गलियारों से आ रही आवाजें।

ग्लेन मार्किट भी सुपर शॉपिंग सेंटर है। महानगर वैसे बड़े शॉपिंग सेंटरों से भरा पड़ा है। पर बीच रास्ते में आ रहे बाज़ार को देखते जाने का अपना अलग सुख है। नीचे तलघर में ही बड़ी मार्किट है। ऊपर चार मंजिलें और हैं। सभी दुकानें माल से खूब भरी हैं। रेडीमेड कपड़े, कम्प्यूटर, कारें, स्टेशनरी, विद्युत उपकरण कितनी ही आकर्षण की वस्तुएँ देखता ग्राहक लालायित हो सकता है। तीसरे तल पर बीच मंच पर मसखरे मज़लिस लगाये हुए हैं। जोकरों की ज्यादती भी सम्भ्रान्तजन तालियाँ बजाते स्वीकार कर रहे हैं।

जेलीपार्क की झील, चिड़ियाघर और उसके अन्दर व आसपास की दुनिया जिस आर-पार को दिखा रही थी, ग्लेन सुपर मार्केट की यायावरी यहाँ एक दूसरे परिवेश में भा रही थी। जरूरत और इच्छाएँ, महत्त्वाकांक्षा, विवशताएँ—छोटे-बड़े कितने ही रूप यहाँ रंगीनी से बदरंग नज़ारों तक को खोल रहे थे कि—

रास आ गया जिस तोते को
सोने के पिंजरे का जीवन
उन पाँखों के लिए कहीं
कोई आकाश नहीं होता है।
बहुत बार यों खुद को—
खुद पर ही विश्वास नहीं होता है
कुछ होता है भीतर-भीतर
पर एहसास नहीं होता है।

यही एहसास की चाह है जो सैलानियों को अनुभवों के लिए कहीं-से-कहीं ले जाती है। जैसे हम जैलीपार्क से ग्लेन सुपर मार्किट तक आ पहुँचे हैं।

कल शाम की साहित्यिक बैठक एकाएक याद हो आती है। अजनबी देश में नये लोगों में अपना-सा मनचाहा माहौल मिल जाये, तो? पिछले दिनों मृदुला कक्कड़ के बारे में जानकारी पाकर, उनकी साहित्यिक रुचियों की बानगी 'देवनागरी' में पढ़कर फोन किया तो हमें उन्होंने बुला भेजा था।

हिमांशु कक्कड़ महाराष्ट्र से हैं और मेलबर्न-एयरक्राफ्ट में एक कम्पनी इंजीनियर हैं। दो छोटी बेटियाँ भी घर पर मिलती हैं। अचिन्त हमें रात होते-होते 'रोजाना' के उस क्षेत्र में, लाट्रोव यूनिवर्सिटी के पास दूर कहीं ले आये। मेल-बे से मार्ग खोजकर घर ढूँढ़ने में फिर देर नहीं लगी। लगभग तीस वर्षीया मृदुला कक्कड़ घर के बाहर जैसे हमारी प्रतीक्षा ही कर रही थी। ऐसे में सभी का भावुक हो आना सहज स्वाभाविक है।

मृदुला राजस्थान से हैं। कोटा-जयपुर में शिक्षा पाकर शादी के बाद इधर चली आयीं। पहले नौकरी करती रही हैं मेलबर्न में। इधर छोटी बच्चियों के रहते इन्हीं की देखभाल में लगी हैं। 'वर्तमान जीवन' या आतंक मानव बस्ती में जैसी इनकी कविताएँ इधर मैं देवनागरी में पढ़ चुका हूँ। आज जो रचनाएँ डायरी से पढ़कर सुनायीं, उनमें भी जीवन अनुभव के साथ गहरी संवेदनाएँ उभरी हैं। प्रवास में मन और इसकी स्थिति पर व्यंग्य कहीं-कहीं गहरा रहा है।

लगा पाक कला में भी मृदुला माहिर हैं। पकौड़े, गट्टा, समोसे के साथ चाय में न जाने क्या-क्या परोसा है, घर ही का बना हुआ। हिमांशु जिस तरह घर में हर तरह से सहयोग कर रहे हैं अपने यहाँ ऐसा कम ही देखने में मिलता है। हिमांशु, योगेश्वर, अचिन्त भी कुछ-न-कुछ सुनाते हैं। अभिव्यक्ति की यह कला कैसे बेगाने देश में भी हमें जोड़ सकती है, इस एहसास के साथ 'अपनी-भाषा' के प्रति सम्मान जागने लगता है।

मीनाक्षी ने चलते समय इधर परिचितों-स्नेहियों के लिए सौगात संकोचपूर्ण मुद्रा में भेंट की थीं। दूसरी बार इनके यहाँ भोजन किया था। यह मिल-बैठने के साधन, मन खोलने की कला सरीखे भाने लगते हैं।

❑

16

बाल-गोपालों का रखा जाता है खास ख्याल

बच्चों पर आस्ट्रेलिया में खास ध्यान दिया जाता है। अलग से उनके लिए विशेष नीतियाँ हैं। राष्ट्रीय खर्चे का एक बड़ा अनुपात बाल कल्याण योजनाओं पर लगाया जाता है। बच्चों के मानसिक और शारीरिक विकास के लिए स्टेट उत्तरदायी है। चिकित्सा सुविधा, पार्क, पुस्तकालय, रंगमंच, फिल्में, खेल और पोषण-आहार सभी की बेहतर व्यवस्था हो, इसके लिए निगरानी रखी जाती है। सड़कों पर अलग से लेन, फुटपाथ भी, कहीं-कहीं सुलभ है। ऐसे में बाल-विकास निश्चित ही द्रुतगति से होगा। कानूनी मामलों में शिशुओं, किशोरों, बच्चों के अधिकारों को सामने रखकर निर्णय लिये जाते हैं। सामाजिक, पारिवारिक सर्वेक्षण ऐसे निष्कर्ष दे रहे हैं कि बच्चा ही भावी नागरिक है। समाजशास्त्री विचार देते समय बाल सुविधाओं, उनके अधिकारों, हितों पर उदारतापूर्वक दृष्टि रखते हैं।

पिछले दिनों मनु के स्कूल में जाने का मौका मिला। शाम के सात बजे अचिन्त अभिभावक को टीचर ने बुलाया। बच्चे की प्रगति दर्शाने और संवाद के लिए हमारे यहाँ आमतौर पर पाँच बजे के बाद स्कूली कक्षाओं में सन्नाटा पसरा होता है। योगेश्वर को और मुझे लेकर अचिन्त चौधरी प्राइमरी स्कूल में पौने सात बजे पहुँचे तो एक महोत्सव का-सा आलम लगा। हालाँकि कोई मेला या उत्सव जैसा आयोजन वहाँ होने वाला नहीं था। टीचर-गार्डियन मीटिंग थी, जैसा हमारे यहाँ पी.टी.एम. के नाम पर किया जाता है। मुख्य द्वार की दूर तक फैलती रोशनी से लेकर जुलाई की इस गहराती शाम, कमरों में चहलकदमी के साथ चमक-दमक लग रही है। अलग-अलग कक्षाओं के बाहर पेरेंट्स प्रतीक्षारत हैं। कभी-कभार हँसता-मुस्कराता चेहरा एक-दूसरे से बतिया लेता है। एक-एक बच्चे के माँ-बाप को बुलाकर टीचर बताते-समझाते-दिखाते हैं। बच्चे के परीक्षा परिणाम की एक-एक पहलू से चर्चा की जाती है।

काले लिबास में गोरी बच्ची को लेकर महिला बाहर आ रही है कि मनु सैनी का नाम पुकारा जा रहा है। अन्दर जाते ही गुड ईवनिंग कहता चौथी कक्षा का मनु आंटी–योग, अंकल मानव, और पापा अचिन्त चौधरी का परिचय टीचर से करवाता है। आस्ट्रेलिया मूल की प्रौढ़ अध्यापिका जिनि में ठहराव है। एक–एक को हैलो करती वे सबसे हाथ मिलाती, हमें बैठाती हैं। पूरे दिन की मनु की स्कूल में रूटीन पर चर्चा हो रही है। टाइम टेबल के अनुसार विषयवार उपलब्धियाँ मनु के हित में बयान की जा रही हैं। यहाँ बस्ता स्कूल में जमा रहता है। किताबें क्लासरूम से ही बच्चे पाते–पढ़ते–रख देते हैं। व्यावहारिक ज्ञान में छात्राओं–छात्रों की बनायी सैकड़ों चीजें क्लासरूम में प्रदर्शित हैं। मनु ने टी.वी. सेट, मल्टीचैनल बनाकर दिखाया था, वह उसी पर सराहना पा रहा है। बच्चे के दोष टीचर अपने स्तर पर रखकर, अभिभावकों को गुण–ही–गुण बता–दिखा रही है। मनु शरारतें भी करता है, पर उन्हें रचनात्मक शरारत कहकर 'एप्रिशिएट' किया जा रहा है। कक्षा में प्रदर्शित कागज़, गत्ते, कार्ड या हार्डबोर्ड द्वारा बच्चों की बनायी रचनाएँ उनकी कल्पना का साकार रूप दिखा रही हैं। मनु को शाबाश कहकर टीचर चूमती है तो पिता की आँखों में टिमटिमाते तारे मैं देख रहा हूँ।

कक्षा में पैंतीस बच्चे एक सेक्शन में पढ़ते हैं, जिनका पारिवारिक इतिहास पच्चीस–तीस देशों से सम्बन्धित हो सकता है। तीस देशों के छात्र–छात्राएँ अपनी–अपनी सांस्कृतिक पृष्ठभूमि और पारिवारिक सरोकारों के साथ एक ही 'सेक्शन' में पढ़ रहे हैं। इनका मानसिक स्तर एक–सा होने पर भी उनकी संस्कारगत विविधता बच्चों में होड़ की भावना जगा देती है। जैसे मनु सैनी यहाँ अकेला पंजाबी–भारतीय छात्र है और छात्राएँ उसकी पगड़ी या पटके को लेकर तरह–तरह के सवाल करती हैं। यह स्वाभाविक भी है।

× × ×

उस दिन जितेन्द्र का फोन था। अपने साथ मुझे कहीं ले जाने का उसका मन है, यदि मैं खाली हूँ तो मुझे खास व्यस्तता नहीं, नया देखने, सोचने की गर्ज ने यहाँ मुझे अधिक घुमन्तू बना दिया है।

यहाँ एम.पी. का एक ऑफिस है, जहाँ स्टाफ कार्यवाही करता है। विस्तार से बात, शिकायत फोन पर सुनी, रिकार्ड की जाती है। मसला लम्बा लगे या स्थिति कहीं स्पष्ट न हो पाये तो 'नागरिक' को बुला लिया जाता है उसकी सुविधा के अनुसार। जितेन्द्र की पत्नी भारत, पंजाब में है। यहाँ से सारे कागजात एम्बैसी भिजवा चुकी है। खरड़ आकर दूतावास की गाड़ी पर्सनल इन्क्वायरी कर चुकी

है। पर आस्ट्रेलिया से पेपर्स पहुँचने पर भी उसकी जीवनसाथिन के लिए कहीं रुकावट है। यही केस विस्तार से समझाने जितेन्द्र सिंह आया है। वह धीमे बुलेटिन की तरह अँग्रेजी बोलता है। शीघ्र ही दफ्तर की इंचार्ज लेडी दो-तीन प्रश्न और दाग रही है। बहस और बयानबाजी का यह सिलसिला मैं दूर पड़ी कुर्सी पर बैठा बीच-बीच में देख सुन लेता हूँ। यहीं एम.पी. ऑफिस में प्रवासी योजनाएँ, नये कानून, इनसे सम्बन्धित अखबारों-पत्रिकाओं की शृंखला रैक में लगी है। प्रायः हर तरह की सूचनाएँ पाकर मुझे लगता है क्या प्रवासी इन्हें देखने-पढ़ने यहाँ आते भी हैं?

घर तक·आने से पहले, हॉपर क्रॉसिंग में प्रवेश पाते ही उसने अपने नये खरीदे सेलफोन की खूबियाँ गिनानी शुरू कर दी हैं। वह यह भी बता रहा है कि जिस शहर या क्षेत्र का सैलफोन सेट अपने धारक के पास होगा, उस क्षेत्र, नगर की जानकारी भी साथ-साथ देता रहेगा। विज्ञान की प्रगति के ये चरण कितने महत्त्वपूर्ण हैं।

× × ×

बाद दोपहर योगू और स्वीटी के साथ हम घूमने निकले हैं। स्वीटी को लाइब्रेरी से किताबें लेनी हैं। योगू और मैं पास वाले प्लाजा में घूमकर एक पोकी केन्द्र तक आ पहुँचे हैं। योगेश्वर खेल रही है। मैं समझ रहा हूँ। पन्द्रह मिनट में 50 डॉलर दाँव पर लगाकर उसने 35 डॉलर जीत लिये हैं। मानव-मन विजय की तरह जीत पर भी खुश हुआ करता है न!

वापसी पर पुस्तकालय की सदस्यता लेने के मन से योगेश्वर फार्म आदि भरना चाहती है। पर नहीं। यहाँ व्यवस्था सरल है। सरलतम। उसका ड्राइविंग लाइसेंस पर्स में साथ हो तो पासपोर्ट देखकर लाइब्रेरी की सदस्यता प्रदान करते हुए सदस्यता कार्ड जारी कर दिया जाता है। कम्प्यूटर पर निकले इस प्रिंट में नाम, पता, फोन नम्बर, उम्र आदि शामिल हैं। कोई फोटो या हस्ताक्षर जैसा कुछ नहीं। योगू ने भी एक पुस्तक इश्यू करवायी और स्वीटी को लेकर हम लाइब्रेरियन से हाथ मिलाते बिल्डिंग से निकल रहे हैं। वाचनालय में देखे तरह-तरह के पत्र-पत्रिकाएँ विषयों की विविधता के कारण मेरे सामने से फिसलने लगती हैं। महिलाएँ बच्चों के साथ जैसे रीडिंगरूम में तन्मय भाव से टिकी पढ़तीं, सतर्कता बनाये हुए हैं।

यहाँ अखबार, कपड़े, खिलौने या स्टेशनरी की दुकान से निःशुल्क उठाये जा सकते हैं। स्थानीय ताज़ा अखबार पर कीमत तो अंकित रहती है पर वसूल

नहीं की जाती। शायद विज्ञापनों के माध्यम से ही इतनी मोटी राशि जुटा ली जाती है कि उत्पादनों को ग्राहकों तक जानकारी ले जाने के लिए समाचार-पत्र फ्री दिए, उठवाये जाते हैं। कोई भी दुकान में आये, सामान देखे, खरीदे या न भी ले, पत्र की प्रति उठाये और ले जाये। हैरानी न मुझे बाँध लेती है। इन अखबारों में रियल-एस्टेट प्रापर्टी डीलर्स, ट्रैवल एजेन्ट्स, कार फॉर सेल जैसे विज्ञापन डिसप्ले किए गये मोटे टाइप में फोन नम्बरों सहित छपे मिलते हैं। सचित्र लेख फीचर, खबरें लिये हुए इन अखबारों को सेल्स गर्ल या लड़के, घर-घर जाकर लेटर-बॉक्सों में डालते देखे जाते हैं। साप्ताहिक, अर्द्ध साप्ताहिक ये अखबार शिद्दत के साथ प्रतीक्षा करवाते हैं।

श्रीमती और स. कुलदीप सिंह, बच्चों सहित आये हैं। युवा चेहरों पर समय की गति अंकित है। लुधियाना से इनका सम्बन्ध है, बातों में पता चलता है। यहाँ एक टूल फैक्टरी में काम पर लगे हैं, जिसकी सन्तुष्टि उनके चेहरे पर झलकती है। पंजाब से डिप्लोमा किया, दिल्ली में कुछ देर नौकरी की, दस साल पहले यहाँ मेलबर्न चले आये। अपने लिए मकान की तलाश में हैं। अचिन्त से राय ले रहे हैं। कई मकान अलग-अलग देखे हैं। बच्चों के स्कूल की दूरी, कार्यस्थल की निकटता मित्रमंडली का अड़ोस-पड़ोस, सभी कुछ एक साथ खोज रहे हैं कुलदीप सिंह। जितेन्द्र के, अचिन्त के लिए, जीवन-संगिनी जहाँ सपना है वहीं कुलदीप सिंह परिवार मकान का सपना अपनी कल्पना के नक्शे में जोड़ना चाहते हैं। मेलबर्न जैसे सभी के स्वप्न पूरे कर रहा है।

❑

17

नहा जाती है ज़िन्दगी रात की रोशनी में

गरिफ़्त! मेलबर्न! और मेलबर्न से गरिफ्त! एक दूसरे टापू पर जाने जैसा लग रहा है।

बहुउद्देशीय सिंचाई क्षेत्र के तहत आता है गरिफ्त। बल्कि आस्ट्रेलिया यदि अन्न उत्पादन का बड़ा क्षेत्र और फलों का भंडार है तो गरिफ्त जैसे आंचलिक क्षेत्रों के बलबूते पर ही। गेहूँ, चना, मक्का के अतिरिक्त अँगूरों, सन्तरों की भरपूर फसलें यहाँ मिलती हैं।

मोहाली, पंजाब से चले तो कृषि प्रधान गरिफ्त जैसे सर-सब्ज इलाके को देखकर हम हैरान रह जाते हैं।

आश्चर्य कि यहाँ के तकनीकी स्कूल, कैरेवाँ पार्क, पूर्व सैनिकों के क्लब और सैलानी सूचना केन्द्र ही नहीं, देहात में महिला मंडल, धान उगाने वाले सहकारी कारखाने, प्रोड्यूसर्स, को-आपरेटिव और डिस्टलरीज तक, सभी आस्ट्रेलिया की सम्पन्नता की कहानी कहते मिलते हैं।

मुख्य सिंचाई, चैनल, स्वस्थ सड़कें, रेल सेवा, वाइनरीज़ फ्रांको, हानवुड, यूगाली-सब यहाँ के लोगों, नागरिकों की तरह चुस्त-दुरुस्त और स्वास्थ्य का प्रदर्शन करते लग रहे हैं। कितनी संघर्ष कथाएँ, प्रगति पताकाएँ यहाँ की सफलता से जुड़ी हुई हैं।

रोटरी लुकआउट, रेसकोर्स, बाना एवेन्यू, गोल्फ कोर्स, रात में रेडियम-सा चमकता हवाई अड्डा, नैंसी बल्मर स्मारक का रात में चमकता फव्वारा दिशाएँ दिखाता है, उससे यहाँ की रातें अधिक रोशन लगने लगती हैं। निखम हिल का एक अपना आलम है।

यह पूरा ताना-बाना किसी गाइड के बिना परेशान करनेवाला है। पर हमारे अजीत राही हैं यहाँ।

सुबह–सवेरे पाँच बजे हम निकल रहे हैं उपनगर हापर क्रॉसिंग से। जैसे आलम सोया हुआ होगा। पर सड़कें गवाह हैं कि मेलबर्न की गति यहाँ भी धड़क रही है। मौसम अनुकूल लग रहा है। हालाँकि ठंड बहुत है। पर आकाश साफ होने पर साहस साथ देने लगा है कि निकल पड़ेंगे तो समय पर पहुँच ही जाएँगे। कब बरसात शुरू हो जाये, कुछ निश्चित नहीं। पर इरादे तो निश्चित हैं। एक के बाद एक कितने ही उपनगर पीछे छूट चले हैं।

चौड़ी, दूर तक फैली चरागाह हैं। हरियाली की कितनी ही कालीनें जैसे धरती से चिपकी हुई हों। गायों, भेड़ों के झुंड यहाँ की दूध क्रान्ति के सूचक हैं। कँटीले तारों के पीछे, फॉर्म हाउसों में श्वेत धन, दुग्ध के रूप में सँजोया, फैला हुआ लग रहा है।

मौसम अनिश्चय–सा मन बनाये खुल रहा, भिड़ रहा है। धूप आती, मीठी लग रही है तो छाँव आते ही हवाएँ शीत का प्रकोप बढ़ा रही हैं। हम पीछे नहीं, आगे गरिफ्त की ओर नज़र टिकाए हुए हैं। यहीं बारिश ने हमें भिगो डाला। जैसे शोख अन्दाज की यह शरारत हमें भा रही हो। एक मित्र ने मेलबर्न में ही कहा था कि यहाँ हमें एक हाथ छतरी के हैंडल पर तो दूसरा बाँहवाले स्वेटर पर टिकाए रखना होगा। पेशीनगोई कोई कैसे कर जाता है?

अभी सर्दी, अभी गर्मी यहाँ आलम ही ऐसा है। मेरे मन ने यह पूछा इस जमीं का धर्म कैसा है! क्या पैसा है? नहीं डॉलर की भरपूर कशिश यहाँ मेहनत का पाठ सिखा रही है। श्रम की गरिमा बता रही है। फॉर्म हाउस में पानी छोड़ रहे कारीगर ऊपर भी पानी ही सहन करते रहे हैं। क्यारियों को ये किन यन्त्रों से भरते रहे हैं?

दोपहर के भोजन तक हम गरिफ्त की सीमा में आकर शहर का नक्शा निहारने लगे हैं। रास्ते में बागों के बाग सन्तरों से लदे देखकर उनका पीलापन तौलते हम निकट से पेड़ और फल निहारना चाहते हैं। पर अचिन्त हमें सावधान करते रहे हैं कि अन्दर से गोली भी चल सकती है। यहाँ सुरक्षा व्यवस्था की बेजोड़ कोशिश में शिकारी कुत्ते तक खेतों में लगाये हुए हैं। धरती पर गिरा फल उठाते, झुकते भी ऐसे में धड़कन तेज हो सकती है।

एक चौक से आगे निकलकर हम जैसे फिरनी पर घूमने लगे हों कि एकाएक मकान नं. 28 के आगे कार लगाते हैं। खिल उठा मन कि बाहर ही राही परिवार हमारी आमद पर तेल चो रहा है।

यह मेरे अन्दर क्या हो रहा है कि भावविभोर–सा मैं कृतज्ञभाव, करबद्ध हो जाता हूँ! कवि, उपन्यासकार अजीत सिंह राही ने नक्सली आन्दोलन में पंजाब

में कितनी यातनाएँ झेली हैं। इन्हें कुछ अंशों तक उनके उपन्यास फौड़ियाँ (बैसाखियाँ) में पढ़ा जा सकता है। जेल जीवन और कपूरथला जेल के तसीहे! रचनाकर्म में इसकी झलक तो मिलेगी ही।

भाभी निरवैर और स्वयं अजीत राही भी, योगेश्वर के साथ अचिन्त, स्वीटी और मनु से भी पहली बार मिल रहे हैं। राजपाल और राजबीर (बेटे) और नवजोत (बेटी) का परिचय भाभी निरवैर हमसे करवा रही हैं। युवा सन्तानों को दो-अढ़ाई दशक बाद देखना सुखकर लग रहा है।

पहाड़ी से एक-एक करके राही हमें कई 'मंजर' समझा रहे हैं। इनके घर के ठीक ऊपर है। यूँ तो पहाड़ी पर चालीस मील घूमकर चढ़ना होता है कारों में। वाइनरीज, कीनू के बाग, अंगूरों की खेती के साथ एक किला, झील, स्थानीय एयरोड्रम का सिग्नल दिखाया, बताया गया है। एक तालमेल शहर के साथ बनने लगा है। सँवरने लगा है, भूगोल आसपास का। पर विश्वास का भूगोल जिला सदर मुकाम के साथ सिमटता नहीं, खुलता है। एक के बाद एक नक्शे में रंग स्थिर हो रहे हैं कि गरिफ्त कल्पना से आगे भी कुछ और है। बच्चे सो रहे हैं, जहाँ बच्चे नहीं हैं। क्या यह गरिफ्त बोर है?

'सेफ-वे' उसी तरह विविधता लिये हुए हैं। चाकलेट का डिब्बा और एक सौगात खरीदकर योगेश्वर व्यावहारिक हो रही है। मेरे पास अपनी पंजाबी पुस्तकें 'कथानगर' और 'चीक कोरे कागज विच' है, अजीत राही के लिए इससे बढ़ कर एक मित्र भला क्या दे पाएगा? राही के घुटने सक्रिय नहीं हैं। उन्हें चलने में दिक्कत होती है। पर वे चलते हैं, बेखौफ। साहित्य, संघर्ष, यातना और उपलब्धियाँ! अजीत राही का सफर कुछ इसी तरह का रहा। पंजाब में निरवैर अध्यापिका थी और स्वयं राही भी। पर तीस साल पहले मेलबर्न आये और धीरे-धीरे आगे बढ़ते गये। यहाँ इनके अपने तीन मकान हैं। मकानों की जगह खरीदकर आगे बेचने के साथ मेहनत करते हैं। ठेकेदारी की तरह। बागों में सलाद, फल तुड़वाते हैं। एक-एक दिन में अढ़ाई-तीन सौ डॉलर कमाते रहे हैं, उम्र के अपने भले दिनों में। एक मकान में बड़ा बेटा राजपाल अपने परिवार सहित बसा हुआ है तो दूसरे में नवजोत बेटी, अपनी बिटिया रमन के साथ रह रही है। किसान वर्ग का यह परिवार गरिफ्त की जमीन से इस कदर जुड़ा है कि यहाँ भी किसानी किये जा रहा है। आत्मकथा 'आधी सदी का सफर' में भी राही ने अपने संघर्षपथ को रौशन किया है। पाँच काव्य संग्रहों में से अंश जब रात की महफिल में पूरे अपने परिवार के बीच वे सुनाते हैं तो सन्तोष को गहरी रेखाएँ उनके माथे पर स्पष्ट होने लगती हैं।

फैशन डिजाइनिंग और सूचना टेक्नोलॉजी से सम्बन्धित स्कूल का जायजा लेते हम यहाँ से दीक्षित होकर निकलती छात्राओं के बारे में सोचने लगे हैं। शायद भीतर कोई सेमिनार चल रहा है। यह साथ सामुदायिक केन्द्र है, फिर कोर्ट हाउस। मिरांडा वाइन्स गरिफ्त और पेनफोल्ड की तरह यहीं पर विलियम वाइन, सेनवार्ना डीनो, डेवार्टो वाइन, फरमंटेशन टैंक, रोसैटो, मिलियन हालुड जैसे संयन्त्र हैं, जहाँ बीयर, शराब और इससे जुड़े कारोबार होते हैं। अन्दर फैक्टरी का निरीक्षण करने की अनुमति पाकर हम उस तरतीब को समझ रहे हैं, जहाँ अंगूर की बेटी रंग दिखाती है।

आर्थर गरिफ्त ने 13 जुलाई, 1912 को दरिया से आ रहे जल को सिंचाई के लिए उपयोगी मानकर इस्तेमाल शुरू कर दिया था। यह स्थान सिडनी से 642 किलोमीटर तथा मेलबर्न से 500 किलोमीटर पड़ जाता है। पर भ्रमणार्थ आते सैलानी घूमते-घामते और सौ-दो सौ किलोमीटर ज्यादा घूम जाते हैं। तभी तो वे ज्यादा अनुभव जुटाते हैं। विंटेज वाइन फेस्टिवल यहाँ हर दो साल बाद देखा जा सकता है।

खरबूजे, आलू बुखारे, टमाटर, सेब और कपास की पैकिंग का काम साल भर चलता रहता है, जिसमें भारतीय, पंजाबी वर्ग अच्छे डॉलर कमा रहे हैं। जी-तोड़ मेहनत और समय की पाबन्दी यहाँ अच्छे काम के प्रतिमान हैं, गेहूँ, चावल या गन्ना के खेतों में हरियाणा, पंजाब की महिलाएँ, युवक कार्यरत मिल जाते हैं। वींगन झील की मनमोहक भीड़ इसके चरित्र को चरितार्थ कर रही है। कैपिंग एरिया, कैरेवान कैम्प, मोटल या होटल में सैलानी अपनी जेब के आधार पर स्थान पा सकते हैं।

नैन्सी बल्मर मेमोरियल फाउंटेन रात को भी निहारणीय है, जहाँ प्रकाश और पानी पहेलियाँ बुझाते जान पड़ते हैं। इसी तरह मुख्य नगर की रात, चौतरों चौराहों पर रमणीयता लेकर उतरती है और जन-मन पर छा जाती है। रंगों का अनुपात, पानी के प्रपात की तरह गहरा उतर रहा है। यह कौन है जो रंगों में यहाँ-वहाँ बिखर रहा है? एक सिरे पर सामुदायिक केन्द्र की इमारत 1960 में पूर्ण हुई बताते हैं जिसकी स्थापना 1928 में हो गयी थी। पर आज इसके लॉन चित्ताकर्षक परिवेश सहित लुभा रहे हैं। बलात् अपनी ओर अजनबियों को बहुत कुछ कहने के लिए बुला रहे हैं।

❑

18

मिलावट का खतरा न महँगाई का डर

मेलबर्न की रंगीन दुनिया के हसीन चेहरों को अलग-अलग स्तरों पर पहचानने लगा हूँ। यह पहचान प्रकृति ने प्रदान की है। रंग बदलते आसमान की नीलिमा से धरती की हरीतिमा तक, पक्के-कच्चे चेहरों में सम्पन्नता को देखा है, सन्तुष्टि को पढ़ा है। इनमें व्यंग्य भी है, वैज्ञानिक विशेषताएँ भी। प्राणी मात्र के सम दृष्टिकोण में कठोरता या कोमलता के भाव परिस्थितियों के अनुरूप बदलते-फैलते रहे हैं। मानव स्वभाव का यह विस्तार गरिफ्त में भी विशेषता लिये हुए सामने आ रहा है।

भीड़ इतनी है कि रेले में बहा जा रहा है सबकुछ। हालाँकि माहौल खूब खुला-सा है। दिन-रात का उजाला सक्रियता बनाये हुए है। स्थानीय लोगों के समान इतने ही सैलानी बाजार में मिलें तो हैरत नहीं। चमड़ी का रंग गोरा ज्यादा है, पर इनकी आदतें पंजाबियों से काफी मिल रही हैं।

पास की झील में नौकाएँ खिलौनों-सी पसरी-बिखरी हैं। तेज़ धाराओं का क्रम उन्हें दिशा दे रहा है। बौलवी सामने से आते, निकल जाते हैं। कंगारुओं का यह छोटा रूप मनोरंजन प्रदान कर रहा है। जाँबाज खिलाड़ियों को ब्रिज-डे पर कूदने की आज्ञा रहती है। बीच आकाश में छतरियाँ खुलती हैं। जम्पर कूदते हैं। विमानों से पायलट तमाशा दिखा रहे हों जैसे। स्काई डाइवर का यह अन्दाज़ हम साक्षात् पहली बार देख पाये हैं। मनु और स्वीटी सोत्साह इन्हें निहारते, एकटक पीछा करते जान पड़ते हैं। इन बाल सुलभ अदाओं में हम बड़े भी कम नहीं। लगता है कि ठहरे हुए वक्त में यह एक आत्मखोज है।

सुविधानुसार, मौज और मस्ती का संसार फैल रहा है। वाणिज्य की बुलन्दियाँ बाज़ार में थिरकती हैं। लग रहा है, शिकार और शिकारी के लिए रास्ते खुले हैं।

पानी में बुलबुले फूट रहे हैं। जंगली पशु जैसे पालतू हो रहे हों। इनके लिए चारा है, निगरानी और प्यार भी। चुनौतियों का सामना बताता है कि हर वाहन उपयोगी है। हॉकी का मैदान हो या क्रिकेट की चर्चा, विश्व खिलाड़ियों में आस्ट्रेलिया की चर्चा रहती ही है। यहाँ के खिलाड़ी कीर्तिमान कायम कर रहे हैं, यह हर्षवर्द्धक है। पर और भी सराहनीय लगी मेलबर्न में खेल प्रेमियों की भीड़। अपार जनसमूह कितने जोश-ओ-खरोश के साथ मैच के बाहर रहकर भी उसमें शरीक है, यह देखते ही बनता है। स्टेडियम के भीतर और बाहर 'पार्किंग' तलाशती कारें इसका प्रमाण हैं। अच्छे-खासे कद में युवक खेल-प्रियता का आनन्द लेते, इसे रंगीन बना देते हैं।

गरिफ्त के गिलास टकराते माहौल में लोग इसकी चर्चा कर रहे हैं। बोल्ड-ब्यूटीफुल बातों के धनी चेहरों को देखकर दिल की धड़कन बढ़ती-घटती रहती हैं। आँखें टिकती हैं चुनिन्दा चेहरों पर। अन्दर तक उतरकर पार हो जाती हैं। चिप्स कुतरते होंठ धाराप्रवाह चर्चा में हमारे साथ शरीक हैं। कितने ही नाम, मुकाम, छतरियों के नीचे, रंगीन अन्तरिक्ष की आभा बिखेर रहे हैं।

पानी के सफ़ेद परिन्दे पवित्र देवताओं से नज़र आ रहे हैं।

अलग-अलग लेन में प्रशिक्षित बत्तखों की दौड़ झील के उस भाग को एक और छवि प्रदान कर रही है। बेहतर सड़क मार्ग पर झटपट भोजन आपका दिन और अच्छा कर रहे हैं। एक स्फूर्ति पाकर सैलानी सरकता है तो अगले मंजर में भी मन टिकाने लायक लगता है। कैफे का कारोबार फलता-फूलता जान पड़ता है।

टट्टू घोड़े या साँड़ पर सवारी कुशल माहिरों को ही रास आती है। पर गाय का दूध दुहती मशीनें एक करिश्मे-सी नज़र आ रही हैं। भेड़ों की ऊन और गायों का इतना-इतना दूध। मशीनों द्वारा यहाँ दूध के तत्त्व अलग-अलग करके दिखाए जा रहे हैं। क्रिचा और कोतीला जैसी युवतियाँ हमारी सहयोगी न होतीं तो हम भी कहाँ देख पाते इतने विस्तार से यह गरिफ्त बाज़ार का संसार! कितने पर्यटक, विभिन्न देशों से उत्सव में लम्बी कतारें बनाकर आ रहे हैं। सारी संस्कृतियाँ कुछ-न-कुछ नया सिखाती ही हैं।

सैलानियों के कितने समूह हैं, कितनी जातियाँ। पर मैं तो आस्ट्रेलिया मूल के एक किसान कोनू के पास बैठा यहाँ के लोकगीतों का अर्थ-विस्तार जानने की कोशिश में हूँ। भाषा कितनी ही भिन्न हो, भाव अन्दर उतर रहे हैं। चेहरे की भंगिमा, तेवरों के साथ चित्रावली खुलती जा रही है।

क्या यहाँ कहीं भारतीय कला भी प्रदर्शित है? अन्तर्राष्ट्रीय कलादीर्घा में

हमारा प्रतिनिधित्व आकर्षित करता है। पर कहीं-कहीं रंगों रेखाओं के अर्थ मिलते से जान पड़ते हैं। अध्यात्मवाद और अन्तरंग ऊर्जा से जुड़ी किताबों की प्रदर्शनी में भीड़ है। क्या यहीं कोई महाकाव्य तो नहीं रचा जा रहा? वृहद उपन्यास के लिए ऐसी ही विविध संस्कृतियाँ प्रेरित कर सकती हैं। पात्र अन्दर उतरते हैं, रूपाकार ग्रहण करने लगते हैं।

शाकाहारी चेतना का प्रचार बढ़ रहा है। ध्यान केन्द्र और अन्य इंस्टीट्यूट अन्दर के आदमी को सबल बनाने की रस्म अदायगी से अलग, ठोस काम कर रहे हैं। यह सब चाँदी या फिरोजी की बिक्री की तरह है। स्वयं ही सारी शक्ति बिखरती-सिमटती, स्थान बना रही है।

बाहर धूप है। ठंडी हवाएँ भी। टी-शर्ट, नेकर और जूतों में ही आधी भीड़ सरपट घूम रही है। हमें गर्म कपड़ों में भी हवाएँ प्रभावित कर रही हैं। यह 'कंडीशन' वातावरण की देन है। यहीं कहीं रोशनी बिखेरती या 'अँधेरी' रातों में, थोड़ा अन्दर लोगों को नदी तट पर रात काटते देख सकते हैं। यह और ऐसे साहसी उद्यम यहाँ के 'चरित्र' का हिस्सा हैं।

पर्यावरण का स्वप्न जी रहे हैं यहाँ लोग। कुछ-न-कुछ हर पल, कहीं-न-कहीं होता रहता है। यह होना ही इनके अस्तित्व का प्रतीक है। घाटी के अन्दर यात्राएँ। जलप्रपातों में कपड़ों समेत नहाते चेहरे अपना, आपका ध्यान बनाये रखते हैं। मन की यात्रा ने शहर की यात्रा को पीछे छोड़ा है। शहर स्मरण जितना, जैसा भी है, थोड़ा है।

इत्तिला है कि रात को और भी तेज गति से हवाएँ यहाँ चलती हैं। पर साज़ो-सामान सिमटता नहीं। भीतर तापमान बढ़ाकर मौसम की अनुकूलता को महसूस किया जाता है।

एक पुलिस अधिकारी-सा दिखता युवक तनकर चला आया है। हैलो-हाय करके उसे अपना परिचय देता हूँ तो वह संवाद के लिए मुझे अपने साथ कार तक ले आए हैं। समाज-व्यवस्था के साथ थोड़ी चर्चा अपराध-जगत् पर भी होती है। अपने अनुभव के आधार पर उनका दावा है कि हिंसा, सेक्स और नशाखोरी से जुड़े मामलों में ज्यादातर नयी पीढ़ी उत्तरदायी है। किशोर उम्र में शौकिया शरारतें करते युवक आगे चलकर इसे कैरियर की तरह लेने लगते हैं। फिर भी सारे केस इसी तरह के हों, यह ज़रूरी नहीं।

छद्मावरण में, मास्क लगाकर भी अपराध किये जाते हैं। पर यहाँ किसी को छोड़ा नहीं जाता। कार या मोटर साइकिल के चालान की सूरत में कितने ही डॉलर की घूस किसी अधिकारी को कोई ऑफर करे, उसे बख्शा नहीं जाएगा

और न ही राजनैतिक या अन्य कोई ऊपर से आया दबाव ही स्वीकार किया जाता है।

उधर रात के माहौल में एक शोभायात्रा मोमबत्तियों की लौ के साथ दिपदिपाती, झिलमिला रही है। बैंड एक लय में बज रहे हैं। एक चर्च की ओर से कोई सार्थक आयोजन घोषित हुआ है। यहाँ धर्म के नाम पर युवा चेहरे अधिक संख्या में साथ चल रहे हैं। सैलानियों की तरह इनके कन्धों पर भी थैले हैं। आगे कहीं जाकर ये टन भर आतिशबाजी जलाएँगे, जिनके अन्दर रोशनी और बाहर उसकी चमक कायम है। वे आतिशबाजी न भी छोड़ें, एक आकर्षण स्वयं ही वातावरण को प्रदान कर रहे हैं। मन से वे ईसा को जैसे प्रणाम कर रहे हैं। यंडा की एम सी विलियम्स, युगाली की सैन बेर्नाडिनो और बित्तुल की डे वोर्रोलीस को मदिरा मंडलों में पीनेवाले याद करते हैं। जितनी तरह की शराब हैं, उससे कहीं अधिक इधर इसके कारखाने खुल रहे हैं। बोतलों की सजावट, इनके रख-रखाव के साथ अन्दर शोरूम में प्रदर्शित है। बाहर और अन्दर का तालमेल मैं नहीं बिठा पा रहा हूँ।

उधर उपभोक्ता के अधिकार सुरक्षित हैं। हर हाल में उसे शुद्ध हवा, पानी के साथ प्रत्येक चीज़ की शुद्धता की गारंटी दी जाती है। हम राह में पेट्रोल पम्प पर रुकते हैं। गैस, पेट्रोल या डीज़ल के दाम मुझे कम लग रहे हैं। प्रतिदिन दाम बदलते हैं। पेट्रोल सस्ता है, गैस उससे भी ज्यादा नीचे है। गाड़ियों में जरूरत के अनुसार उपभोक्ता ईंधन लेते हैं। कार के टायरों में ट्यूबें नहीं हैं सो हवा लेने का सवाल ही नहीं। टायर माकूल हैं। खाद्य पदार्थों को लेकर सन्देह की कोई गुंजाइश नहीं। पेट्रोल पम्प एक मिनी स्टोर भी चला रहा है। यहाँ से ऐसा कुछ भी, उपयोगी खरीदा जा सकता है।

न जाने क्यों एक बार फिर पीछे अँगूर तोड़ते मजदूर याद आ रहे हैं। इनकी मस्ती श्रम है। अंगूरों की मस्ती लाल और सफेद रंग की शराब के साथ बोतलों में कैद हो जाएगी। मशीनों का उपयोग करते युवा लोग अंगूरों के डिब्बे भरते जा रहे हैं। कच्चा माल, पक्का माल पहले ही छाँट लिया जाता है। पीले और हरे दीखते अंगूरों का धर्म यहाँ मस्ती है। नशे के दीवाने कामगार डॉलरों के आकर्षण में ज़्यादा देर तक काम करेंगे। कभी-कभी सूर्योदय से सूर्यास्त तक काम खिंच जाता है। ओवर-टाइम में इन्हें ड्योढ़ी मज़दूरी प्राप्त होती है।

सन्तरों, किन्नुओं से भरे ट्रक एक ही दिन तोड़ लिये जाते हैं। आड़ू, आलू-बुखारे, बेर, तरबूज और नींबू, खट्टी-मीठी प्रजाति के फलों के खेतों में पसीना बहाते हज़ारों हाथ जब दिन ढले दिहाड़ी पाकर या अपने खाते में माल दर्ज करवाकर निकलते हैं तो उनके चेहरे पर सन्तोष की झलक एक लालिमा पैदा

कर रही होती है। गोरा लाल मेहनत का मिश्रित मिजाज मीठी थिरकन दे रहा होता है।

शर्त लगाने वाले, हार जाने वाले, दाँव लगाने वाले सारे चेहरे हमारे आसपास गरिफ्त की मिट्टी पर मिल रहे हैं। कोई खेद या मलाल उनकी पेशानी पर नहीं तैरता, भले वे बुरी तरह हारकर ही क्यों न निकल रहे हों। सड़क के साथ-साथ कॉमनवेल्थ साइंटिफिक ऐंड इंडस्ट्रियल रिसर्च ऑर्गेनाइजेशन की एक डिवीजन सिंचाई-शोध के लिए गरिफ्त में स्थापित है। मूलतः पानी का आधारभूत अध्ययन यहीं करवाया जाता है। धरती पर इसके प्रभावों की परख होती रहती है। वातावरण पर इसके प्रभावों को भी गम्भीरता से अध्ययनों के आधार पर आँका जाता है। पार्क, होटल, पुस्तकालय, स्मोक हाउस और डायनिंग डिपार्टमेंट की अपनी सीमाएँ हैं, जहाँ पर्यटकों और स्थानीय चेहरों के लिए भी अलग-अलग अन्दाज़ में निष्कर्ष सामने आते हैं। अध्ययन के लिए आती-जाती टीमों के लिए आवास, भोजन की व्यवस्था सुलभ है।

मोगा, फरीदकोट और रोपड़ के कितने ही प्रवासी मुझे गरिफ्त की हरी पट्टी पर मिले, जो परिवारजनों के साथ यहीं टिक गये हैं। मेहनत की आदत इन्हें नहीं थी, डॉलर की कशिश ने इन्हें और भी बहुत कुछ सिखा दिया है। अपने-अपने मकान खरीद चुके इन श्रमशील हाथों में आज बरकत बोल रही जान पड़ती है। गर्व के साथ ये स्वयं को अब आस्ट्रेलियन लिखवा रहे हैं।

तीतर-बटेर हम यहाँ भारत में मुहावरे के तौर पर इस्तेमाल करते रहे हैं। गरिफ्त के आलम में हमें अजीत राही जिस बटेर फार्म में ले जाते हैं, वहाँ से पूरी प्रक्रिया इनके विकास और उपयोग की किसी डॉलर बरसाती मशीन की तरह समझ आने लगती है।

एक बड़े हॉल में छोटे, चूजे बटेर हैं। गर्म और अनुकूल तापमान में उन्हें कुछ निश्चित दिनों तक रखकर एक दूसरे बड़े हॉल में स्थानान्तरित कर देते हैं। लेडी एरीना समझा रही हैं कि यान्त्रिक प्रक्रिया में इन्हें मुकम्मल करके पैक करवा देते हैं और निर्यात के लिए ट्रकों में लाद लेते हैं। अचिन्त यहीं से एक आत्मीय दोस्त के लिए बटेरों के दो पैक चौदह डॉलर में खरीद लेते हैं।

अब महसूस करता हूँ कि यहाँ हरेक काम के लिए खोज की जाती है। रिसर्च की इस प्रक्रिया में स्वतः ही बहुत कुछ नया हासिल हो जाता है। नये किनारे मिलते हैं। लाजवाब एहसास दे जाते हैं। जैसे यह कि आस्ट्रेलिया में महाजनीकरण की प्रक्रिया चलती रहती है। सभी कुछ तिजारती नज़रिये से परखा जाता है। बिक्री पर लगती हैं सारी ऊँचाइयाँ। शिक्षा की तरह हवा, पानी, प्यास,

भूख, पक्षी, जानवर सबकुछ बिक रहा है ऊँचे दामों पर और आदमी बेखबर सबकुछ झेल रहा है। मैं भी, मेरे साथी भी।

निर्वैर भाभी और अजीत सिंह राही ने हमारे गरिफ्त आने पर, घर में प्रवेश करने से पूर्व तेल चोया था। परम्परा बलवती हो रही है। विदा वेला में मनु, स्वीटी, अचिन्त के साथ योगेश्वर को, मुझे भी वस्त्र भेंट किये जा रहे हैं। सिलेहार और मुक्ता अक्खर की प्रति पाकर मैं नतमस्तक हो रहा हूँ। सत्तर वर्षीय अजीत राही का निघ अपने साथ लेकर हम विदा की मुद्रा में हाथ हिलाते मेलबर्न के लिए चल पड़ते हैं।

❑

19

आस्ट्रेलिया विश्वविद्यालय के हिन्दी विभाग पर छाया संकट

मेलबर्न आने के बाद दो–तीन विश्वविद्यालयों में अलग–अलग तरह से जाना हुआ। विक्टोरिया यूनिवर्सिटी, मोनाष यूनिवर्सिटी, मेलबर्न यूनिवर्सिटी, अपने–अपने इतिहास और भूगोल की दृष्टि से निहारणीय और विचारणीय लगीं। यहाँ रहते योगेश्वर आगे कुछ पढ़ना चाहे तो कहाँ दाखिला ले। तकनीकी विश्वविद्यालय छोटे समय थोड़ी अवधि के लिये कोर्स करवाने वाले संस्थानों की शर्तें पढ़कर हमें हैरानी नहीं हुई। फिर लाट्रोब यूनिवर्सिटी का हिन्दी पाठ्यक्रम संकट में है, ऐसा सुधा जोशी ने फोन पर बताया और बुलाया कि किसी दोपहर हम उनके विभाग में आयें और मिल बैठें। गोष्ठी भी हो सकती है।

पूरे आस्ट्रेलिया में अभी लाट्रोब यूनिवर्सिटी में हिन्दी पढ़ाई जा रही है, और संकट में है। सिलसिला ऊपर से सुनने पर अजीब–सा लगा। फ्लींडर स्ट्रीट इतना बड़ा रेलवे स्टेशन है कि पूरी एक दुनिया जान पड़ता है। मोबाइल, सेलफोन हमें रास्ते की जानकारी के लिए काम आ रहा है। कभी सुधा जोशी से तो कभी मृदुला कक्कड़ से सम्पर्क बना रहता है। इस खाली–सी लग रही ट्रेन में 'रोजाना' तक हम सहज ही पहुँच गये हैं।

मृदुला कक्कड़ अपनी दो प्यारी बेटियों के साथ हमारी अगवानी के लिए आगे हाज़िर हैं। साहित्यिक साँझ का यह पुल हमें भाने लगा है।

लम्बे बरामदे में चलने के बाद प्रोफेसर सुधा जोशी की प्लेट देखकर हमें तसल्ली हो रही है। दस्तक देकर अन्दर आते ही हैं कि मनजीत कौर, दिनेश श्रीवास्तव सहित सुधा जी से भी परिचय होता है। योगेश्वर ने सभी का परिचय करवाया है।

बातचीत में जो पहलू खुल रहे हैं, उनमें हिन्दी पाठ्यक्रम का संकट उभर रहा है। विश्वविद्यालय के बजट में लगातार कटौतियाँ होने के कारण कुछ शिक्षकों की नौकरियाँ और कुछ पाठ्यक्रम भी समाप्त हो चुके हैं। ह्यूमैनिटीज फैकल्टी ने निश्चय किया है कि संभवतः 1999 के अन्त तक, नयी सदी के आते ही, हिन्दी की पढ़ाई समाप्त हो जाएगी। कम-से-कम इस फैकल्टी को जो सरकारी अनुदान मिलते हैं, उनसे हिन्दी पाठ्यक्रम को पैसा नहीं दिया जाएगा। यह निर्णय कष्टजनक है। हिन्दी पढ़ने वालों की संख्या इतनी कम है कि पाठ्यक्रम इस रूप में चल नहीं सकता। फिर भी, यदि आर्थिक सहायता अन्य स्थानों से मिल सके तो फैकल्टी पाठ्यक्रम का पूरा समर्थन करेगी। इस कारण पाठ्यक्रम से सम्बन्धित व्यक्ति विक्टोरिया के भारतीय समाज, व्यापारियों व भारतीय सरकार से पैसा इकट्ठा करने की चेष्टा में लगे हैं।

इस समय हिन्दी डिपार्टमेंट ऑफ एशियन स्टडीज के तत्त्वावधान में पढ़ाई जाती है। हिन्दी के अतिरिक्त संस्कृत भी इस विभाग में पढ़ाई जाती है। लाट्रोब में हिन्दी पहली बार 1991 में पढ़ाई गयी।

इस समय एक त्रिवर्षीय पाठ्यक्रम चल रहा है जिसके अन्तर्गत अब तक लगभग बीस छात्र स्नातक उपाधि प्राप्त कर चुके हैं। डिपार्टमेंट ऑफ एशियन स्टडीज़ के छात्रों के अलावा इतिहास व राजनीति शास्त्र के कुछ स्नातकोत्तर छात्र भी शोधकार्य के लिए हिन्दी सीख चुके हैं। हिन्दी लाट्रोब के इंडियन स्टडीज़ कार्यक्रम का एक आवश्यक अंग है। इस समय पहले वर्ष की कक्षा में पन्द्रह छात्र व दूसरे-तीसरे वर्ष की हिन्दी की कक्षाओं में छः छात्र पढ़ रहे हैं।

इस समय पूरे आस्ट्रेलिया में केवल दो विश्वविद्यालय हैं जहाँ कि हिन्दी में त्रिवर्षीय पाठ्यक्रम उपलब्ध हैं। विक्टोरिया में यह सुविधा केवल लाट्रोब में ही उपलब्ध है। जब इस विषय की अधिक माँग थी तो लाट्रोब के प्राध्यापक मोनाष विश्वविद्यालय में भी यह विषय पढ़ाते थे। इस समय लाट्रोब में बी.सी.ई. के ग्यारहवें वर्ष का पाठ्यक्रम तैयार किया जा रहा है। बारहवीं कक्षा के लिए सामग्री तैयार करने की योजना भी है।

लाट्रोब में 'ओपन लर्निंग आस्ट्रेलिया' के लिए भी पाठ्यक्रम तैयार किया है, जिसके माध्यम से जो छात्र कैम्पस में नहीं आ सकते, वे घर बैठे पत्राचार द्वारा हिन्दी पढ़ सकते हैं। यह सुविधा मार्च 1997 से उपलब्ध हुई और अब तक पूरे आस्ट्रेलिया से लगभग चौदह छात्र इस माध्यम से हिन्दी सीख चुके हैं।

सन् 1999 के बाद हिन्दी कार्यक्रम को चलाने के लिए भारतीय समाज की सहायता की आवश्यकता है। अनुमानतः साठ हजार डॉलर प्रति वर्ष की जरूरत

होगी। आशा की जाती है कि यह पैसा भारतीय समाज और प्राइवेट सेक्टर से मिल जाएगा। अगर पर्याप्त मात्रा में पैसा मिल जाये तो फैकल्टी से भी कुछ धनराशि मिल सकती है। यह भी आशा है कि इस धनराशि में से दो हज़ार डॉलर की रकम की कुछ छात्रवृत्तियाँ भी दी जा सकेंगी, जिससे इन हिन्दी छात्रों को एक सत्र के लिए भारत में रहकर हिन्दी के अभ्यास का अवसर मिल पाएगा। बताया जाता है कि लाट्रोब को जो भी धनराशि चन्दे के रूप में दी जाएगी, उस पर आयकर नहीं लगेगा। आस्ट्रेलिया के पते पर चन्दे की धनराशि भेजने का आग्रह किया गया है। सुधा जोशी का कहना है कि इसके अलावा लाट्रोब के हिन्दी पाठ्यक्रम का प्रचार करने में भी उन्हें सबकी मदद की जरूरत है। यहाँ के पाठ्यक्रम में हिन्दी सात साल से शामिल है पर अभी भी भारतीय समाज व आस्ट्रेलियन समाज के अधिकांश लोग इस बात से अनभिज्ञ हैं। आर्थिक सहायता के अतिरिक्त हिन्दी के छात्रों की संख्या भी शीघ्रातिशीघ्र बढ़े, इसके लिए योजनाएँ बनायी जा रही हैं।

पंजाब में क्या हिन्दी की स्थिति इससे भिन्न है? हमारे विश्वविद्यालयों में भी हिन्दी छात्रों की संख्या लगातार गिरती जा रही है पर हमारे प्रबन्धक इस ओर जागरूक नहीं हैं। सुधा जोशी के बहाने मैं अपने इधर की हिन्दी कक्षाओं का जायज़ा लेने की बात सोचने लगा हूँ।

मनजीत कौर विज्ञान पढ़ाकर शाम को यूनिवर्सिटी की हिन्दी कक्षाएँ लेती हैं। उनके अपने अनुभव हैं। दिनेश श्रीवास्तव हिन्दी के कोआर्डिनेटर हैं, पाठ्यक्रम के नवीनीकरण में उनके प्रयास चौंकाने वाले हैं। व्यावहारिक हिन्दी और क्रियात्मक रचनात्मक पाठ्यक्रम की कल्पना उनके सामने है।

मान लो छात्रों को 'चंडीगढ़' पर लिखने के लिए कहा गया है। आस्ट्रेलिया के हिन्दी छात्रों का दायित्व है कि वे लाइब्रेरी से या कम्प्यूटर पर इंटरनेट से चंडीगढ़ के बारे में जानकारी प्राप्त करें और शोध-खोज के बाद चंडीगढ़ पर लिखें। ऐसा रचनात्मक शोध छात्रों को बार-बार करना पड़ता है। पत्रिकाएँ और अखबार भी एक साधन हैं। पर इसमें श्रम, लगन, समय—सभी साधन जुड़े हैं। ये छात्र अनुवाद, पत्रकारिता/प्रूफ रीडिंग में कहीं भी जाएँ, मार नहीं खाते। कम्प्यूटर के साथ ही इनकी हिन्दी पढ़ाई सम्पन्न होती है। प्रिंटर, फीडर, फ्लॉपी जैसे सारे संयन्त्र छात्रों के लिए चिरपरिचित हैं। ग्रीटिंग कार्ड तैयार करना हो या पत्रिका, पुस्तक का आवरण डिज़ाइन, कलाकार हिन्दी छात्र सभी में सफलता दिखाते हैं। विभाग में हाज़िर कुछ छात्राएँ नोट्स ले रही हैं। धर्मयुग, साप्ताहिक हिन्दुस्तान के पुराने अंक एक साथ एक ढेरी में किनारे पड़े दिखायी दे रहे हैं। विभाग में कम्प्यूटर

ऑपरेशन का सारा काम सुधा जोशी स्वयं भी कर सकती हैं, यह जानकर अच्छा लगा।

इस बार गोष्ठी में रचनाकारों के साथ पड़ोसी विभागों के कुछ प्रोफेसर भी हैं। इन्हीं में एक सू टाइलर हैं, अभिव्यक्ति पढ़ाती हैं। साथ वाला कमरा इन्हीं का है। उठते समय सुधा जोशी उनके आग्रह पर हम सबको सू के विभाग में ले आयी हैं। टाइलर सू पन्द्रह वर्षों से जीवन और कला का संगम पढ़ा रही हैं। ललित कलाओं व संगीत, साहित्य में 'री-मिक्स' जैसी शैली पर इनका विशेष अध्ययन है। इनके छात्र अध्ययनरत रहते हुए या तो अपना काम शुरू कर लेते हैं या फिर नौकरी के लिए अनुबन्धित हो जाते हैं। अभिव्यक्ति जैसे विषय हम भारत में अपने विश्वविद्यालयों में ला पाएँगे कभी?

हालाँकि विभाग से कॉफी लेकर निकले थे, फिर भी दिनेश श्रीवास्तव और सुधा जोशी हम सभी के लिए लंच अरेंज करती हैं। कैंटीन की कुर्सियों पर भी साहित्य सवार रहता है। गहरे पके चेहरों वालों के साथ हम भी परिपक्वता का संकल्प दोहराने लगे हैं।

मेरे पास अपनी ताज़ा कविता की प्रति है। इसे स्वयं विभाग में ही फोटोस्टेट करके सुधा जी ने कुछ मित्रों को बाँट दिया है। सिनेमा में साहित्य और इस सम्बन्धी पुस्तकों की जानकारी विभाग के अन्य लोग पाना चाहते हैं। वागर्थ, वर्तमान साहित्य, पहल, कथ्य रूप, हंस, भाषा जैसी पत्रिकाओं पर भी चर्चा हो रही है। दैनिक समाचार-पत्रों के साप्ताहिक संस्करणों में साहित्य और उनकी सार्थकता पर तो एक विवाद ही उठ खड़ा होता है। मृदुला, योगेश्वर, दिनेश जी, सुधा जोशी के अपने-अपने अनुभव हैं। हिन्दी में कुछ भी कहीं से मिले, अपने विभाग के लिए सुधा जी जुटा लेना चाहती हैं।

लाट्रोब यूनिवर्सिटी के कैम्पस का भ्रमण उपयोगी लग रहा है। अनेक, अलग दिखने वाले बौद्धिक से चेहरे और उनका हावभाव मुखरता लिये हुए हैं। निजी कम्प्यूटर को ट्रेन में, बसों में अपने साथ लेकर चलते हुए देखा तो हैरत हुई यहाँ उनका उपयोग जरूरी लगने लगा है। ब्रीफकेस की तरह कम्प्यूटर खोलते हैं और मेज पर रखते ही शुरू हो जाते हैं। यह अद्‌भुत है।

उधर बड़ी-बड़ी दीवारों पर चटख रंग अलग-अलग शैलियों में बिखरे दिखायी दे रहे हैं। यह यहाँ आम बात है। ये कला दीर्घा-सी दिखती दीवारें स्टूडेंट्स होम की ओर ले जाती हैं। इन पर आधुनिक कला और कला शैलियों का खुला रूप उभरा है। चेहरे विकृत और विकराल से, पर दूसरे एंगिल से देखें तो प्रीतिकर, सार्थक लग रहे हैं। लम्बूतरे चेहरे आधुनिक सोच को रूपायित करते

हैं। नारी आकृति में आँख और नाक के प्रतीक आने वाले समय को खोल रहे हैं। वक्त यहाँ चित्रों पर बैठा हुआ है। रंग का उपयोग गहराई, ऊँचाई की दृष्टि से भला लग रहा है। विविध देशों की नहीं, यह आस्ट्रेलियन शैली का नमूना है।

विश्वविद्यालय मानव समाज के व्यक्तित्व को खोल रहा है। इतिहास के आईने में आने वाले समय की भाषा बोल रहा है। अन्दर और बाहर, विभागों में एकरसता नहीं। यहाँ की विविधता एक नवीनता दे रही है। सुधा जोशी बीच-बीच में किसी छात्रा या छात्र को रोककर कुछ संदेश देती हैं। कोई प्रोफेसर आगे आ जायें तो अभिवादन के बाद हमारा परिचय देती हैं। वे अपने विभाग में चल बैठने पर ज़ोर भी दें तो हम व्यस्तता के कारण माफी माँगकर आगे हो जाते हैं। मृदुला की बेटी-मनु के साथ बातें करते बहुत आगे जा चुकी हैं। मृदुला सीटी बजाकर हमें चौंकाती और बच्चों को बुलाती हैं।

पुस्तकालय में घूमने, विस्तार से देखने और थोड़ा बैठने का भी मेरा मन है। किसी भी यूनिवर्सिटी की लाइब्रेरी हमें उसके विभागों का एक जायजा प्रदान करती है। अँग्रेजी की साहित्य से सम्बन्धित पत्रिकाएँ खोज रहा हूँ। कविता या कहानी सर्वेक्षण पर और थियेटर पर कई विशेषांक मुझे खींचते हैं। इन्हें पढ़कर, कुछ भी फोटोस्टेट करवाने की सुविधा तुरन्त सामने उपलब्ध है।

महानगर, नगर, शिक्षानगर सभी के अपने-अपने अन्दाज हैं। मेलबर्न और इसके उपनगरों का कथाक्रम, जीवन-क्रम की तरह एक तरतीब ले रहा है। आशा और आकांक्षा के साथ इसके नये क्षितिज की तलाश में निकलना चाहता हूँ। ❑

20

आस्ट्रेलिया : इंसान और इंसानियत के प्रति विश्वास है जहाँ

जो विश्वसनीय है, वह अविश्वसनीय भी हो सकता है और अविश्वसनीय, विश्वसनीय भी। विश्वास और अविश्वास के कैसे संकल्प-विकल्प को साथ लेकर चल रहा है मेलबर्न। महानगर के हर मोड़ पर मंचित जीवन अन्दर की दुनिया को दिखाने वाला है। कभी-कभी वही मनुष्य के अन्दर आकार लेते सत्य को साक्षात् बताने वाला है। घरों में, घरों के सामने, घर जैसा एहसास करा देने में सक्षम है एक जन-जीवन। दूसरा इसे चौराहों-तिराहों तक फैलाता है। खुद को देखता, दूसरों को दरियादिली से वह सब दिखाता है, जो और जितना, कोई देख सकता है। रंगमंच जैसी सज्जा, सहायता के बिना उपनगरों में उतरी है। बच्चे, वृद्धाएँ, युवा जोड़े, साँस के हर उतार-चढ़ाव के साथ, एक लय बनाये हुए आते-जाते हैं। परिचित सुरताल जैसा माहौल गति के साथ पाते हैं। इसी मेलबर्न को इतने दिनों से जी रहा हूँ।

नोर्के स्ट्रीट का बहुरंगी बाज़ार हो या स्पेंसर स्ट्रीट स्टेशन का संसार। सुख-सम्पन्नता और सौम्यता का सीधा साक्षात्कार करवाता है। न धूल है न धुआँ। कितने दिनों से कोई बूट पालिश न करे, जूते वैसे ही चमचमाते रहेंगे। भीड़ में दौड़ते भागते चेहरों की हलचल, अपने अनुभव सहित स्मरण कर रहा हूँ। शायद दस दिन पहले पालिश उठायी थी। मिट्टी या धूल का असर कहीं कम ही नज़र आता है। न नाक पर रूमाल रखने की नौबत आयी है, न उतनी कालिख कहीं कालरों के अन्दर ही पायी है, जैसी अपने यहाँ पाता रहा हूँ। बाज़ारों, सरोकारों की यह कोशिश रोमांचित करने वाली है। अपने को अन्दर तक भरने वाली। शरीर और मन की ताजगी-सी छायी हुई मिलती है। भीड़ से बाहर एक और दुनिया है, सोच की, जो आदमी के अन्दर ही अन्दर चलती, मचलती है।

मैं एक आवाज़ के साथ आगे आता हूँ।

गिनती के ही दिन हैं हाथ में, मोहाली से ही सिंगापुर एयरलाइन की रिटर्न टिकट इसलिए लाया हूँ कि कहीं फ्लाइट न मिली तो! फिर कॉलेज की छुट्टियाँ भी खत्म होने को हैं। उच्च अधिकारी को दिया आश्वासन मेरे साथ है कि लीव-एक्सटैंड नहीं करवाऊँगा। यह सब यहाँ के माहौल में और भी अनुकूल लगता है। प्रॉमिस कीप करने की परम्परा देखता, महसूस करता रहा हूँ। हर दिल की धड़कन में वायदा निभाने की प्रतिबद्धता देखी है और रुकना चाहता हूँ, पर रुकूँगा नहीं। इसीलिए सीमित दिनों का उपयोग करना मेरी विवशता है। मेलबर्न को देखते, जानते यह सहजता बन रही है। एक पंजाब यहाँ भी तो देख रहा हूँ।

× × ×

महानगर का मौसम सागर से उठता है, हवा में लहराता-टकराता ऊपर ऊँचाई तक तनने से पहले फट जाता है। बरसात यहाँ कभी भी, कहीं भी आ सकती है। चौबीसों घंटे पानी न पड़े, घंटा भर धरती को सरसब्ज़ करके अपना अस्तित्व दिखाती रहती है।

सप्ताहान्त की रौनक बाज़ार में बोल रही है। ये कौन-सी नयी वस्तु है जो खामोशी में डोल रही है। बीस डॉलर में हरेक वस्तु नीचे बेसमेंट में ऐसे बड़े बाज़ार चालू हैं। दो या पाँच डॉलर में भी हर चीज़ और आगे खरीदी जा सकती है। आदमी की जरूरतों से भरे पड़े हैं बाज़ार। दुकानें यहाँ जैसे चलती नहीं दौड़ती हैं। सोचता हूँ छोटा मुल्क है आस्ट्रेलिया, यहाँ मेलबर्न में भी आबादी लगभग उसी अनुपात में हैं। फिर दुकानों का यह हंगामा, भीड़। मालूम पड़ता है स्थानीय लोगों से कहीं ज्यादा सैलानियों को छतरी, घड़ी, टॉर्च खींचती हैं। हाय राम! यह स्टोर तो किसी सुपर स्टोर जैसा मॉल ही दिखा रहा है। एक-एक डॉलर में सब कुछ लुटा रहा है। आकर्षण ऐसा कि भीड़ थमती ही नहीं। रोशनी-सा भरपूर सैलाब आँखों तक आ फैलता है। यहाँ पूरी दुकान में घड़ियाँ-ही-घड़ियाँ हैं। यूँ बाजार आदमी के घर तक आ रहे हैं। चीज़ें यहाँ जरूरतों की तरह भा रही हैं।

सुबह रेल में प्रेमालाप देखा था। चुम्बन और आलिंगन। यहाँ बाज़ार में भी प्रेम प्रदर्शन की कमी नहीं। संसार से बेखबर ये जोड़े कहीं गहरे में डूबे हुए हैं, जैसे एक जगह पहुँचे ही समझो।

प्रात: कुछ कागज़ लिये थे जरूरी घर से, एक स्टेशनरी स्टोर से। ये दस्तावेज़ फैक्स कर रहा हूँ मोहाली के लिए। योगू उसे कार्ड पर पेमेंट कर रही हैं। क्रेडिट

कार्ड यहाँ डॉलर की तरह रिकार्ड होते हैं।

× × ×

बेलार्ड!

स्वर्ण म्यूज़ियम

सुना यहाँ सोने की खान है।

सुरंग में उतरेंगे तो समझ पाएँगे।

एक बड़ा-सा सैट है। आदमकद आकृतियों का टोला, जैसे किसी महानाटक का सैट हो। प्राकृतिक स्वाभाविक मुद्राएँ। इन चेहरों में साँस तो नहीं, पर आकर्षण है। बार-बार खींचते हैं मधुर मोहक चेहरे।

अचिन्त ने बताया था कि सोने के अजायबघर में मनों-टनों सोना देख सकते हैं। यहाँ सब सही पा रहा हूँ। पूरे परिवेश में कहीं भी कृत्रिमता नहीं। हाँ, ये आकृतियाँ भी एक जीवनधारा का खुलासा कर रही हैं।

प्रवेश द्वार पर अठारह डॉलर के टिकट पाने को पंक्तिबद्ध हैं सैलानी। अचिन्त ने मेरे बारे में बताया कि भारत से हैं, सैलानी। प्रमाण के लिए अपना आइडेंटिटी कार्ड निकालना चाहता हूँ। टिकट खिड़की से लड़की विश्वास करती है। नौ डॉलर की टिकट मेरे लिए, आधी रियायती, जारी कर देती है। अपने यहाँ कहे पर कहाँ विश्वास होता है? एक प्रमाण-पत्र की फोटोप्रति सत्यापित दिखाये तो भी मूल सर्टीफिकेट या डिग्री की माँग करते हैं। यहाँ इंसान में विश्वास है, इंसानियत में भी। छल-कपट में विश्वास नहीं। जीवन मूल्यों का यह सिलसिला मोह लेता है।

आस्ट्रेलिया में स्वर्ण का इतिहास अन्दर झिलमिला रहा है। पत्थरों-चट्टानों पर सुरंग में तलाश किया सोना, खुदाई करके दिखाया गया है। लालटेन-मोमबत्तियों की रोशनी में सुरंग में से गुजरते हुए लाइट की व्यवस्था है। पर आगे अलग-अलग जगहों, मोड़ों पर, खुदाई करते मज़दूर, ऐतिहासिक पात्रों से, खड़े-बैठे झुके-काम करते-सक्रिय लग रहे हैं। यहीं अटककर सैलानी देर-देर तक बहुत कुछ तलाशते हैं, जैसे सोने के जरिये रोशनी की किरणें, अँधी सुरंग में हाथ आ पाएँ।

बाहर से प्रवेश-खास अलग से मिलता है। एक संख्या में, बीस-तीस पर्यटकों के जमा होते ही गाइड लड़की सबको साथ लेकर चलती, समझाती आ रही है। जो पीछे है, उसे प्यार से वह आगे बुला रही है।

अलग-अलग प्रक्रिया में से होकर निकलते सोने की नुमाइश आगे है। कार्यशाला भी। ढालना-गलाना फिर से ठोस बनाना, सब करके दिखाएँगे, यह अचिन्त हमें बता रहे हैं। कितना रोमांचक अनुभव होता होगा। तीन किलोग्राम

सोना हाथ में और दूसरा हाथ दिल पर।

पहाड़ी पर ओपनेयर म्यूजियम! ऐतिहासिक पार्क भी। अजायबघर में देखते-चलते चेहरे कई बार खुद म्यूजियम की चीज़ से लगने लगते हैं। सोने की प्रारम्भिक खुदाई के दिनों में ये सब कैसे लगते होंगे? यहाँ 1851 में स्वर्ण की पहली खुदाई मेलबर्न में मिली।

गोल्डफील्ड बताते हुए इसे कई तरह से प्रदर्शित किया गया है। दस साल बाद 1861 में यह सोना हाथ लगा था। यह एक दशक बेलार्ड ज़िले के लिए ही बदलाव का काल रहा होगा। हाँ, इतिहास यों ही तो नहीं बनता। सोना यों ही तो नहीं ढलता।

सोना पाने, उसे हाथ भर लगाने के लिए विश्व के हजारों मेहनतकश लोग इसी धरती पर जुटे होंगे। माइनिंग-मशीनरी ने पत्थरों से सोने को अलगाने के लिए जो शुरू का संघर्ष किया उसकी एक अलग कहानी है। आत्मीयता और छल की तलाश में तब सोने का अपना महत्त्व रहा होगा।

यहीं रेड हिल गुल्ली डिगिंग पर सभी नक्शे और नक्श तस्वीर के दोनों पहलू पेश कर रहे हैं। सुरंग मज़दूरों का श्रम और उनकी उपलब्धियाँ यहाँ चेहरों द्वारा मुँह बोलती हैं। काम की पहल का एक अलग ही संघर्ष होता है न। वह यहीं दिखाया है।

बहते-चलते पानी में से सोने के कण पाने के लिए आज भी यहाँ हज़ारों सैलानी छलनी उठाये, सोना पाने को आतुर दिखते हैं और कहते हैं सोना उनके हाथ भी आ जाता है।

पहली झाँकी पाते ही हम यहाँ के चाइनेज़ विलेज, टाऊनशिप, माइनिंग म्यूज़ियम आदि देखने को आतुर हो चले हैं। पर धीरे? यह एक अलग संसार है। इसे आहिस्ता-आहिस्ता ही देख पाएँगे। विश्व के कितने ही छोरों से सैलानी यहाँ यह सब देखते आप देख पाएँगे। विश्व संस्कृति का एक आईना ही है यह पहाड़ी क्षेत्र भी।

भाषा टेप के साथ यहाँ सावेरेन हिल के भ्रमण आप जा सकते हैं। चूँकि सैलानी ही इतनी दूर आ पाते हैं, उनकी छोटी-से-छोटी सुविधा का ख्याल रखना जरूरी हो जाता है। बेबी केयररूम सैलानी सहायता, फर्स्ट एड, फोन, पेट्स के लिए, फिल्म और फोटोग्राफी और ऐसा ही बहुत कुछ और भी अन्दर है आप सभी के लिए। प्राय: अपने साथ अनेक महिलाएँ बच्चों को अन्दर तक ले जाएँ, सब के वास्ते व्यवस्था यहाँ सराहनीय हो जाएगी। और इसी क्षेत्र में क्या-क्या है, मुझे लुभाने वाला। अभी मैं इसे और समझना चाहता हूँ...। ❑

21

आँखें तृप्त हो जाती हैं रमणीय नज़ारे देखकर

सोवेर्न हिल पूरे मेलबर्न में एक अलग संस्कृति की झलक देता है। आने-जाने वाले सैलानियों की आँखों में इसकी झलक मिलने लगती है। बड़ी और विस्तृत पार्किंग में असंख्य गाड़ियाँ लगी हैं। कारें, मोटरें और जिप्सियाँ। बायें हाथ सामने एक नयी-सी बड़ी इमारत दिखाई देती है। यह संग्रहालय है, और इसके सामने माइनिंग म्यूज़ियम है। दोनों के बीच की हलचल उस उत्साह को दिखा रही है कि वे यहाँ क्या देखने आए हैं? संतुष्टि है कि क्या देखकर लौट रहे हैं। सदियों से सभी के लिए सराहनीय रहा सोना, यहाँ अपने भिन्न-भिन्न रूप-रंगों में दिखाई देता है।

सन् 1850 के दशक में यहाँ सरकार ने यूरोपियन कारिंदों की नियुक्ति की, जिन्हें प्रोटेस्टर्स कहा जाता था। ये चाइनीस सुरंगों की देखभाल करते थे। जहाँ-जहाँ इधर चीनी रहते थे, उन्होंने गाँवों की स्थापना की। प्रायः गुस्ताख़ यूरोपियन लोगों से यहाँ उनकी रक्षा की जाती थी। बैलार्ट के इसी पूर्वी भाग में गोल्डन प्वाइंट चीनी गाँव को प्रस्तुत किया गया है। यह सोवेर्न हिल पर स्थित है।

टाउनशिप की इमारतें और यहाँ का कारोबार 1850 के आसपास सुरंगकर्मियों की सेवा के लिए अस्तित्व में आया। एक-एक इमारत में यहाँ अच्छी तरह, गहराई से खोज कार्य हुआ है। ध्यानपूर्वक इन गतिविधियों पर अमल हो रहा है। इन पारम्परिक लोगों की दुकानें आप निहारें या इनके व्यवसाय की कलात्मकता को देखें तो प्रभावित हुए बिना नहीं रहेंगे। लोहार, ठठियार जैसे कई कार्य यहाँ भी अब धूमिल पड़ने लगे हैं। यहाँ का स्कूल भी दर्शनीय है और कॉटेज भी। बग्घी पर सवार होकर छह घोड़ों की सवारी का मज़ा लें या पारम्परिक व्यवसाय में लगे ऐसे लोगों से गुफ्तगू कर जाइए, कुछ अनुभव आप जरूर प्राप्त करेंगे। विक्टोरिया थियेटर में यहाँ के जन-जीवन पर हफ्ते के दिनों में आप फिल्में देखकर

आनन्दित हो सकते हैं। इतिहास से आज तक, अतीत से आगे की ओर मनुष्य की लगन, मेहनत और श्रम की मुँह-बोलती तस्वीर आपको मिलेगी।

पाश्चात्य पीढ़ी के सैलानियों की इस कतार में अपनी टिकट थामे हम बहुत आगे हैं। खुले गलियारे में जैसे एक प्रदर्शनी-सी लगी हो। बड़े-बड़े पोस्टर दोनों ओर टँगे हैं। उन पर इतिहास और इन्सान का श्रम अंकित है। कक्ष से बाहर आते ही खुले मैदान में देहाती परिवेश हमारे सामने है। कुएँ की मुँडेर और नीचे पानी तक जाता लटक रहा डोल। आगे तम्बुओं में पुतले हैं। बड़े, आदमकद, बतियाते-से। हैटधारी, लालटेन हाथ में थामे, कुछ खोजते-बीनते। यह विस्तार आगे दोनों ओर फैला है। देर-देर तक हरेक झुग्गी-झोंपड़ी से दिखते मंजर को लगातार निहारकर कोई थकता भी तो नहीं। इसी जगह बच्चे और बड़े मन लगाकर तस्वीरें खिंचवा रहे हैं। यादों के आईने में जैसे अतीत से वे कहीं बहुत पास आ रहे हैं। विभिन्न क्राफ्टों में संलग्न ये मूर्तियाँ सजीवता का सबूत, प्रेरणा भी देती हैं। मेहनत के लिए इनमें से कुछ प्रजातियों के धन्धे, काम गुल हो गये। खत्म हो चुके हैं।

आगे माइनिंग म्यूज़ियम है सन् 1860 से 1918 तक की प्रगति पर रेखांकित स्टीम का इंजन और क्वाट्र्ज़ सुरंग की गतिविधियाँ। पाँचेक दशक की विकास रेखा को यहाँ उभारा गया है। रोमांचक होता मन इन्हें देखते रहना चाहता है। पपेट हेड के सामने सुरंग सूचना केन्द्र पर तमाम जिज्ञासाओं का हल है। साथ वाले केन्द्र में काले कपड़ों में लोहार जाति के युवकों को अपनी पारम्परिक वेशभूषा में देखते ही लगा, कहीं नाटक की रिहर्सल तो नहीं। पर सजी-धजी दुकान में व्यस्त युवक उसी तरह तैनात मिले, जैसे हमारे यहाँ। भोंकनी में फूँक लगाते ही छह मीटर से गहरी टनल में नीचे उतरकर उनका तेज और भी उभर आता है। माइनिंग तकनीक के विकास के पहलू यहाँ प्रदर्शित हैं। वे स्थितियाँ भी उजागर होती हैं, जिनमें घिरकर सुरंगकर्मी काम करते रहे होंगे। सोने को पाने के लिए तन के स्वर्ण को गला रहे, ढाल रहे लोग एक चमक दे रहे हैं। सोवेर्न गाँव को एक बोर्ड चलाता है, जिसकी सदस्यता सभी के लिए खुली है।

यही न्यूयार्क बेकरी, मेन स्ट्रीट पर सैलानियों से ठसाठस भरी रहती है। एक यूनाइटेड स्टेट होटल भी है लाइसेंसशुदा, जहाँ दोपहर 12 से 2.30 बजे तक खाना लिया जा सकता है। इधर लंच करने का भी अलग अनुभव रहा। ग्यारह से पाँच बजे तक बार चालू रहता है। यूनिवर्सल ट्रांसिट ऑफिस में सैलानी ठंडे पेय, कॉफी, चाय और हल्का अल्पाहार ले सकते हैं।

होप बेकरी, कार पार्क के पास कॉफी शॉप व माइन मैनेजर ऑफिस में भी

ठंडा पेय, चिप्स आदि खरीदे जा सकते हैं। थके सैलानियों को स्वर्ण नगरी देखकर शायद भूख ज्यादा जगती है। डाकघर के पीछे पिकनिक पार्क में खाते, खेलते लोगों को 'क्लिक' करना जरूरी हो जाता है। खरीदारी करने वालों के लिए अनेक दुकानें हैं। सोना खरीदने की सुविधा तो कई जगहों पर दिखाई दी है।

ये सब देखते, घूमते हम स्वर्ण-प्रक्रिया में रत विभिन्न मशीनों को निहारते आगे आते हैं तो पता चलता है कि घंटे बाद उस हॉल का दरवाजा खुलेगा जहाँ गलाकर, ढालकर सोने को पुनः ठोस हालात में लाया जाता है। मुद्राओं को अंकित करके, मोहरें निकाली जाती हैं। ढेरों दर्शक बाहर जमा होकर लाइनें बना रहे थे।

अन्दर फाउंड्री जैसा माहौल था। भट्ठी (बिजली की) तेज़ उगल रही थी, जिसे बन्द कर दिया जाता। बातूनी किस्म का डिमास्ट्रेटर, शेक्सपियर के किसी मसखरे-सा लग रहा था। उसने विस्तार से आस्ट्रेलिया में सोने का इतिहास बताकर इस सेन्टर की कार्यप्रणाली पर प्रकाश डाला और सचमुच सबसे आगे खड़े दर्शक के हाथ पर ताज़ा बनी तीन किलो की सोने की शिला टिका दी। करतल ध्वनि यहाँ वाजिब थी।

फिर दूसरे कमरे में एक मशीन पर सिक्कों को अंकित करके दिखाया जाता रहा। एक अलग अनुभव जो पहली बार हुआ, देर तक याद रहेगा ही।

यहीं छोटे-बड़े सोने के सिक्के देखे, परखे जा सकते हैं। बड़े, भारी सोने के वजन को हाथ में उठाकर महसूस किया जा सकता है। सोना जो अन्दर शो केसो में टिकाया है, पर उसे पकड़ने, उठाकर देखने की सही व्यवस्था की गयी है।

न जाने कितने देशों से आये सैलानी, यह सब स्वर्ण व्यवहार एकटक देख रहे, फोटो में उतार रहे हैं। बाहर खुला-खिला दिन है, धूप चमक रही है। कुछ अलग-सी दिखती महिलाएँ भी हैं। इनका देश कौन-सा हो सकता है। ये कभी गुड़ियों-सी, कभी मन्दिर की देवियों-सी ज़िन्दगी जी रही हैं।

लकड़ी की सीढ़ियाँ चढ़ते-उतरते सोवेर्न का दूर पार भी दिखाई दे जाता है। पुलों से जुड़े हैं संयन्त्र, संयन्त्रों से जुड़ी हैं भाप-प्रक्रिया, और उससे जुड़े हैं सोने को खँगालने-अलगाने के कई ढंग और तरीके। पानी का एक नाला-सा अविरल बह रहा है। सैकड़ों जगहों पर इसके दोनों ओर सैलानी छलनियाँ उठाकर सोना बीनने के प्रयास में हैं। कहते हैं किसी-किसी के हाथ आ भी जाता है सोना कभी-कभी। मुझे लगा कि यह पर्यटकों को लुभाने-रिझाने का उपक्रम ही तो नहीं कहीं!

दूर मार्किट के आगे भीड़ है। बच्चे, महिलाएँ और पुरुष भी बग्घी की सवारी

के लिए बुकिंग ले रहे हैं। छह घोड़ों की बग्घी पर चढ़कर पूरी सोवेर्न में घूम जाना, एक ठाठ ही तो है। उसी प्राचीन संस्कृति का संकेत दे रही ही है बग्घी, जिसका आरम्भ यहाँ 1850 के आसपास हुआ होगा। कोक के कैन, बीयर की छोटी बोतलें और जूस आदि लोग बग्घी में बैठे अपने-अपने सामान में से निकालते, लेने लगे हैं। आसपास कई सुन्दर उपवन हैं और बैलर्ट की ऐतिहासिक इमारतें भी, जिन्हें छूते, पार करते, देखते रात हो सकती है। स्लाइड शो में आप अलग से आनन्द ले सकते हैं।

यह नगर सोवेर्न के नाम श्रद्धांजलि है, उन सुरंग खोदने वालों के प्रति, जिन्होंने नये देश के कठिन समय में श्रम द्वारा कीर्तिमान स्थापित किये हैं। सोवेर्न पहाड़ और बैलर्ट के लिए 77 डॉलर प्रति सवारी की दर से डीलक्स बसें आती हैं जो साढ़े नौ बजे चलकर शाम साढ़े पाँच तक आपके होटल या मुख्य मेलबर्न केन्द्र पर उतारती हैं।

जंगली पार्क की यहाँ अपनी शोभा है। पार्क की अपनी तरह से खोज और कंगारुओं को हाथ से खाद्य पदार्थ खिलाने की इच्छा यहाँ पूरी हो सकती है। तस्मानिया के शैतान यहाँ आपको घेर सकते हैं। कोइला की तस्वीरें यहाँ अपनी रंगत रखती हैं। कितने ही अन्य पशु-पक्षी यहाँ देखे, पहचाने जा सकते हैं।

ग्रेट साउदर्न वुलशैड बच्चे व बड़े सभ्य से देखते हैं। यहीं भेड़ों का प्रदर्शन भी अलग-अलग अंदाज़ से किया जा रहा है। इन्हें मूँडने से लेकर इनकी जीवनशैली का सारा कारोबार दिखाया गया है। भेड़ों की प्रदर्शनी में कितने ही कौतुक खुलते हैं। जब ऊन और उसके उत्पादों पर विभिन्न स्टॉल बहुत कुछ अनदेखा बता रहे हैं। बैलर्ट और सोवेर्न के लिए दो-दो दिन के भ्रमण प्रायः आयोजित होते हैं। दरअसल इन्हें एक दिन में पूर्णतः देखा-समझा भी नहीं जा सकता। रोशनी और ध्वनि का विशेष आयोजन देखने के लिए सैलानी सोवेर्न में ही रात व्यतीत करते हैं। आस्ट्रेलिया के बागी, क्रान्तिकारी यहाँ सपाकार लेकर पर्यटकों को प्रसन्न करते हैं। एक गाइड युक्त भ्रमण में मेलबर्न से चलकर लोग बैलर्ट के जंगली पार्क में ताज़ा दम होते हैं। हाथ में बाँस लेकर कंगारुओं को खिलाने का नज़ारा यहाँ आम मिलता है। यह सोवेर्न हिल तक चलता है। यहाँ रिसेप्शन से आपको ठहरने की जगह तक ले जाया जाता है। गोल्डरश दिन के लिए बाद दोपहर का समय आप उपयोग कर सकते हैं। रात्रिभोज के बाद लेज़र-शो निहार सकते हैं।

दूसरी सुबह एक कॉंटीनेंटल नाश्ता आपकी प्रतीक्षा में रहता है। प्रातः खुली और खाली रखी जा सकती है। सोवेर्न हिल का बाकी भाग संग्रहालय समेत आप देख जाइए। इसे खोजिये, आनन्द लीजिए। ढाई बजे पुनः कोच पर मुलाकात

करें। बेडोर झील के साथ बैलर्ट भ्रमण करते जाइए। मेलबर्न लौटने से ठीक पहले तक इसी प्रक्रिया का आनन्द लिया जा सकता है। सोमवार और मंगलवार को मेलबर्न से ये दिवसीय भ्रमण सिटी-सेंटर से 81 डॉलर में बुक हो सकते हैं।

स्वर्ण म्यूज़ियम में रहना और घूमकर इसे देखना एक अलग अनुभव देता है, रोमांचक और आन्दोलित कर देनेवाला। कितने ही (हज़ारों) रूपों, आकारों में सोना यहाँ सैकड़ों शोकेसों में टिकाया, बिठाया गया है, जिन पर कलात्मक छाप उभरती है। सूक्ष्मदर्शी यन्त्र प्रत्येक केस पर इस तरह लगे हैं कि सुविधा से आप उनका उपयोग कर सकते हैं। कितने-कितने किलोग्राम सोना एक-एक शोकेस में संचित है। अपने कच्चे-पक्के अनेक रूपों में सतर्क कैमरे पूरे हॉल और कोनों में लगे हैं, जिनका नियन्त्रण सतर्कता विभाग के पास है। आप शरारत करते नहीं कि खतरे की घंटी बजने लगती है और ड्यूटी पर तैनात कर्मचारी धर दबोचता है।

प्रतिदिन पचास हज़ार डॉलर का सोना गोल्ड स्पेल्टिंग वर्क्स पर ढालकर दिखाया जाता है, जिसे हथेली पर टिकाते ही दिल धक-धक कर उठता है। एक पूरा बाज़ार, कैम्प की तरह, सोने की महिमा में सजा रहता है और दर्शक ललचाते, खरीद भी पाते हैं। अधुना और पुरातन कितने ही तरह के संयन्त्र इन दुकानों पर प्रदर्शित हैं जहाँ से सोने की आन-शान को समझा सराहा जा सकता है। सोना दिमाग में, सोना आँखों में और सोना साँसों में समाया रहता है तो कितने ही दिन सैलानी इस सोनावाद से बाहर नहीं आ पाता।

सोने के प्रदर्शन और प्रयोग देखते मन स्वर्णमय हो रहा है। मानो सोने के सन्तरे नीचे शीशों के तले लगे हों, सरकते और भागते मैटल डिटेक्टर्स भी, अपना काम करते हुए हिफाज़त हॉल की और रक्षा सोने की। कैमरे कार्य कर रहे हैं सो अलग। मानो कई खुफिया एजेंसियाँ एक साथ कार्य कर रही हों।

अचिन्त ने मुस्तैदी से हमें इकट्ठा किया है। मनु-स्वीटी-योगू मैं और अचिन्त सब स्वर्णपुरी की सैर से बाहर पार्किंग तक आ रहे हैं। समय हाथ में है कि जीलांग का समुद्र तट भोग सकें। हालाँकि रात पड़ रही है पर मेलबर्न की रात प्रभात-सी भी होती है। चटख-चमाचम रोशनी ओर- छोर से केन्द्रित हो रही है। हम पीज़ा लाये हैं, शहर से खोजकर। कितने ही पीज़ा हट्स हैं, पर विशेष प्रैपरेशन वाला यह पीज़ा सामने खड़े होकर अचिन्त ने बनवाया है शाकाहारी।

आगे बार-बी-क्यू है। स्वीटी घर की तली पूरियाँ निकाल लाई है। बार-बी-क्यू में गर्म करके ताज़ा दम हो रही हैं। समुद्र पर पुल नज़र आ रहा है।

दूर तक फैला, सौन्दर्य बढ़ा रहा है। इस पर चलने का मन हो आता है।

सीढ़ियाँ चित्ताकर्षक हैं। सागर तट से ऊपर होटल तक जाते हुए गति थमती नहीं। जीवन के आँसुओं को ऐसी सीढ़ियाँ धो देती हैं। उतरते-चढ़ते चेहरे यही बता रहे हैं।

रात में सागर-तट पर बिछी मुलायम घास, पीढ़ियों-सीढ़ियों को परिपक्व बनाता विश्वास और ऊँचाई छू रहा एहसास आदमी को समुद्र की नयी गहराई की सुध दे रहा है। स्वर्णमुद्राएँ, पीज़ा, प्यार, मनुहार और तकरार एक नया कोलाज जोड़ रहे हैं ज़िन्दगी का। इसे सहेजने-समेटने के लिए भला कौन तत्पर नहीं है?

❑

22

सिनेमा संस्कार हावी है मेलबर्न पर

सिनेमा, शरीर और स्पोट्र्स पर आस्ट्रेलिया में पूरा ध्यान दिया जाता है। कितने ही स्टूडियोज़ हैं यहाँ, जहाँ पर शूटिंग होती है। शूटिंग के दौरान हर तरह से भीड़भाड़ रहती है। खाने वाले, पकाने वाले, सामान उठाने, उठवाने वाले। एक्स्ट्रा, अभिनेता-अभिनेत्रियाँ और शूटिंग देखने वाले तकनीशियनों की भरमार हर स्टूडियो को स्थापित करती है। टीम के साथ आए तकनीशियन अपनी योग्यता से अलग ही पहचाने जाते हैं।

मेलबर्न में भी सिनेमा संस्कार उसी तरह हावी हैं, जैसे किसी दूसरे सुपरसिटी में हो सकते हैं। यहाँ से फैशन जन्म लेते हैं। कपड़ों के डिज़ाइन यहाँ से तूल पकड़ते हैं। सिनेमा का अर्थ यहाँ बड़ा रोज़गार भी है। मांसाहारी खाना पक रहा है। तामझाम उतारा-सजाया जा रहा है। संगीत की दुनिया के लोगों को जुटाया बिठाया जा रहा है। आस्ट्रेलिया से बाहर के यूनिट कभी-कभार स्विट्ज़रलैंड नहीं जाते तो ताजगी बदलाव और नयापन देने के लिए इसे चुनते हैं। पैकअप से पहले, पैकअप के बाद। मेलबर्न के स्टूडियोज़ या आउटडोर शूटिंग पर टेक-रीटेक बनते-बिगड़ते रहते हैं। आज के लिए और आकर्षण इस दिशा में बढ़ा है। गारंटी के नाम पर बाहर के यूनिटों को मोटी रकम चुकाकर प्रबन्ध करना पड़ता है। कई बार राशि अदा न करने की अफवाहें भी फैलती सिकुड़ती हैं। सिनेमा का सच यहाँ जिन्दगी के सच जैसा गहरा होता है। रात के उजाले में दिन से भी ज्यादा प्रकाश यहाँ आम सड़कों पर उपलब्ध है। फिर शूटिंग की लाइटिंग और उसके प्रभाव जिस अहसास को जीवित करते हैं, उनकी कथा तो परदे पर ही पहचानी जा सकती है। युवतियाँ और युवक, प्रौढ़ और किशोर एक जैसे जोशो-खरोश से आगे भी पीछे भी छा रहे दिखाई देते हैं। डॉलर कमाने वाले चेहरे छोटे-बड़े कितने ही कामों के लिए सिनेमा संसार में खप रहे हैं। दौड़ते-भागते ऐसे खुशनुमा

लोगों की अपनी एक अलग दुनिया है।

भारतीय सिनेमा के लोग जो आस्ट्रेलिया में हाल ही में गये, उन्होंने 'प्रेम अगन' से 'आ अब लौट चलें' तक कई चित्रों का फिल्मांकन किया है। कोई गीत कोई अंश या फिर कुछ रीलें, लोकेशन के लिहाज से जो भी ज़रूरी लगा, उसको प्राकृतिक दृश्यों से भरपूर करके फिल्माया गया। 'सोल्जर' में तो सिडनी, मेलबर्न व अन्य स्थानों को आकर्षण बनाकर चित्रांकन हुआ है, जिसमें नयापन, ताजगी और स्थानों के लिहाज़ से उम्दा प्रस्तुति दिखाई गयी है।

हालाँकि भारतीय यूनिट के लिए थोड़े समय की शूटिंग में उपकरणों और लेबर का खर्च आस्ट्रेलिया में महँगा पड़ता है। पर यही योजनाबद्ध तरीके से पहले बुकिंग करके शूटिंग की जाती है, जो सस्ती और उपयोगी सिद्ध होती हैं। सिनेमा में पैसा लगता है, और लौटता भी खूब है। इसलिए डॉलर या रुपये खर्चते समय कंजूसी तो नहीं की जाती। हाँ, बेहतर परिणाम के लिए बेशक धन लुटाया जाता है जिसका मलाल आस्ट्रेलिया में शूटिंग में लागत के लिहाज़ से कतई नहीं होता। कुछ पाश्चात्य देशों से भी यूनिट आते, फिल्म यहाँ शूट करते, और पुरस्कार पाते देखे गये हैं।

बॉडीलाइन के बारे में जागरुकता आज नर-नारी सभी में विकसित हुई है। जिम, जिम्नेज़ियम अपने उपकरणों के साथ मनुष्य के अंग-प्रत्यंग के लिए उत्तरदायी हैं। बसे-रसे शहरों में, उपनगरों में भी बड़े-बड़े जिम हैं। बेसमेंट में सीढ़ियाँ उतरते-चढ़ते नहीं, दूसरे शो-रूमों के मुकाबले में बेहतर और आधुनिक साज-सज्जा से परिपूर्ण जिम में आने-जाने वालों के साथ, इसके डायरेक्टर की साख भी खुशबू की तरह सफर करती है। पेट या पीठ के लिए गर्दन या कन्धों के लिए अथवा दूसरे किसी भी अंग अथवा उपांग के लिए, उन्हें शेप देने के लिए यहाँ उपाय हैं। अब डॉक्टरों की अपेक्षा नागरिकों का विश्वास जिमों में बढ़ रहा है। कहते-सुनते यह विश्वास तैरता है, फैलते-फैलते दूर सबबों तक छा जाता है, किसी फैशन या नशे की तरह। जिम न तो नशा है, न फैशन ही, एक जरूरत है जिम, जिसे पूरा करने के लिए समय और डॉलर दोनों बरसाये जाते हैं। स्विमिंग पूल में तैरते उनका विश्वास है कि सारे व्यायाम एकाएक सफल हो जाते हैं।

शरीर और सिनेमा की तरह ही खेलों की दुनिया में आस्ट्रेलिया खास मानचित्र पर उभरता है। मेलबर्न जैसे महानगर में ही कितने स्टेडियम हैं। क्रिकेट में आस्ट्रेलिया का नाम जितना ऊपर है, उसका स्टेडियम यहाँ उतना ही सुन्दर, दर्शनीय है। खिलाड़ियों के चयन में पक्षपात नहीं होता और छोटी उम्र के तीखे गेंदबाज को प्रोत्साहित करके, आगे ऊपर तक ले जाते हैं।

मैच चल रहा है। हजारों दर्शक अन्दर हैं। पर इनके बाहर निकलते ही स्टेडियम में दरवाज़ों पर यातायात इसलिए रोक दिया जाता है या डायवर्ट कर दिया जाता है कि इन्हें अपने-अपने वाहनों तक पहुँचने में दिक्कत न हो। बसों, ट्रेनों के अतिरिक्त अपनी-अपनी गाड़ी में सवार ये दर्शक, विशिष्ट दर्जा पाते नज़र आते हैं।

इसी तरह हॉकी स्टेडियम, फुटबॉल स्टेडियम में अभ्यास चलते रहते हैं। कई जगह मेलबर्न के बाहरी मार्गों के आर-पार अलग-अलग निजी स्टेडियम भी देख रहा हूँ। किराये पर उठाकर यहाँ गतिविधियाँ करवाई जाती हैं जिनके लिए मार्किट, पार्किंग का पूरा प्रबन्ध किया जाता है। स्टेडियम का रंगीन संसार बहार के मौसम में ही नहीं, सर्दी-गर्मी में भी सक्रिय रहता है। खुशबुएँ तैरती हैं, गति पकड़ती हैं और अभिव्यक्ति आकार ग्रहण करती हैं। खेलों का खुलासा यहाँ चाव से पढ़ा जा रहा है। कँपाने वाली ठंडी हवाओं को झेलते, घूमते हम क्रेनबर्न की ओर बढ़ रहे हैं। मलेशियन सिखों के धर्मस्थल के नाम पर इधर नानकसरी गुरुद्वारा है। इसी बहाने संडे को दूर पार से लोग पंजाबी-भारतीय माथा टेकने आते हैं। मेल-मुलाकातें बढ़ाते हैं। हम 'बाहर' पार्किंग पाकर अन्दर माथा टेकते, व्याख्या श्रवण करते हैं। कुछ परिचित चेहरे आगे-पीछे लाइन में बैठे नजर आये, अच्छा लगा। अरदास के बाद लंगर और चाय की पंगतों में लोग आ बैठे हैं। अपनी-अपनी बातों की साँझ डालते हुए।

चमचमाती थालियों में गति के साथ भरपूर भोजन परोस दिया गया। गर्मागर्म भाप छोड़ता हुआ। भोजन की गन्ध माहौल से जोड़ रही है। चाय की भाप, लौंग, इलायची की गन्ध, सेवा-भावना के प्रति समर्पित कर रही है। कुछ घोषणाएँ हुई हैं। प्रसाद समेटते तनावहीन लोग सरकने लगे हैं। अन्दर दान, सेवा लिखवाकर हम भी एक अलग अनुभव को पा रहे हैं कि यहाँ जंगल में मंगल किया गया है। दूर-दूर तक भवन नहीं, इमारतें नहीं, पर श्रद्धा और सेवा का सेतु हमें नतमस्तक कर रहा है। मन में विश्वास है, इरादों में बुलन्दी। तभी श्रद्धालु समय के साथ धन भी अर्पण कर रहे हैं।

दूर ठीक शहर के पार दूसरी दिशा में बड़ा वर्टीकल गार्डन है। गार्डन में खुली-खिली लेक है। लेक पर अवकाश मना रहे मनोहर चेहरों की शाम छिपते सूरज की आभा एक-एक पेड़, फूल, पत्तों और पानी पर प्रत्यक्ष है। ऊपर उड़ते जाते पक्षियों को एकटक निहारती भीड़ अर्थों को गति देने वाली है। आस्ट्रेलिया का यह प्रकृतिप्रेमी चेहरा निश्चय ही हमें बाँधने वाला था। नौकाओं के पाल, पालों के विविध रंग और रंगों की सरकती दिशाएँ शाम को जैसे घुमन्तू बना

रही हैं। मन घूमता है, रंग घूमते हैं और पूरी प्रकृति ही निहारणीय हो जाती है।

तस्वीरें लेने वालों के वृत में इस शाम भला क्या-क्या आने वाला है? सोचकर मन खिल रहा है। मेलबर्न में लगता है कि सुबह का सूरज बड़ी जल्दी उगता है और शाम को देर तक बना रहता है, जिससे दिन लम्बे जान पड़ते हैं पर कामकाजी लोग इसी पूरे दिन में जोड़-जोख करके अनुपात बिठाते, आनन्द उठाते हैं। लहरों पर मचलते मन के मयूर की कहानी कहने लगते हैं।

रियाल्टो बिल्डिंग महानगर का शीर्ष टॉवर है। पचपन मंजिला। सालम सबूती बिल्डिंग शीशे से बनी-ठनी है। विस्मय बढ़ा अन्दर जाने के लिए लाइनें हैं और अच्छा खासा प्रवेश शुल्क भी। ऐसा जो अपने यहाँ प्रायः नहीं होता। अचिन्त के हाथ में टिकट हैं और योगू, स्वीटी, मनु सहित हम लिफ्ट लेकर ऊपर की मंज़िल तक पहुँच रहे हैं।

व्यवसाय की इन्तिहाँ यहाँ भी हर कहीं है। गोलाकार बड़ी छत के बीचों-बीच दफ्तर जैसा कुछ है। एक तरफ खान-पान व्यवस्था और कैंटीन से शुरू होकर अन्दर और बाहर भी हर कोण पर सूक्ष्मदर्शी कैमरे हैं। हर कैमरे में 2 डॉलर डालिए, सारा मंजर दूर से पास आता देख जाइए। यारा दरिया, फ्लींडर स्ट्रीट, रेलवे स्टेशन, उदार मन दरिया, ऊँचे उभरे पहाड़, बन्दरगाह पर लदता-उतरता माल। विक्टोरिया बाज़ार, यूनिवर्सिटी और ऐसा ही वह सब जो आप सैलानी के नाते देखना चाहते हैं, आँखों के आगे पास आता रहता है। निश्चित समय पर फिर से सिक्के भरने पड़ते हैं। ढेरों विदेशी चेहरे चाव से कैमरे का अपना कोण तानकर दृश्यों को कैद कर रहे हैं। वीडियो भी ऑडियो भी। माहौल में धुआँ-ही-धुआँ है। सिगरेट सिगार की गन्ध के साथ।

माइक्रोस्कोप से शहर का पूरा विस्तार, ऊँचाई व गहराई के साथ नापा जा सकता है। पास आ रहा है। हरापन गहराने लगा है। पानी में टिमटिमाते रोशनी के बिम्ब उभरे फैलते जा रहे हैं। अनेक विदेशी दर्शकों, महिलाओं के हाथ में भी नक्शे हैं। साथ में गाइड और वे नगर को उसी नज़र से यहाँ पचपनवीं मंज़िल से देख रहे हैं। खुली नज़रों से वस्तुतः सब कुछ ठिगना, बहुत बौना दिखाई दे रहा है। पर फिर भी गरिमा उस सब में है—मेलबर्न और मनोरंजन की मोहक मुद्राएँ।

महानगर कितनी खूबसूरती दिखा रहा है।
उपनगरों का आकाश कितना प्यार पा रहा है।
और समुद्र जल, यारा का पानी दूर से आ रहा है।

जिसे खोजते हो तुम—
जिसे तलाशते हैं हम,
इस काँच केन्द्र की छत पर मौजूद है।
आईनों का यह भी एक वजूद है।

एक तल पर लिटरेचर बिकाऊ है,
सीढ़ी-दर-सीढ़ी उतरती मंजिल
खँगालना हर किसी के बूते में नहीं, पर जिन
खोजा तिन पाइयाँ...यहाँ सफलता दे रही है।

बार या कहवाघर हरेक तल पर मौजूद है
सीमित समय में भी हम अचिन्त के साथ
रियाल्टो टावर की खोज करने उतरते हैं

कोई-कोई चेहरा हैलो करता, हाथ हिलाता
भा जाता है। आस्ट्रेलियन फिल्म की शूटिंग
नीचे के तल्लों में चल रही है। वहाँ से ऐसी ही
हवा बाहर निकल रही है।

रोमांच, ग्लैमर और उत्तेजना का कितना बड़ा संसार है यहाँ। भटके-भूले मिल जाते हैं। मिले हुए सावधान हैं, कहीं बिछुड़ न जाएँ। अन्तहीन ग्लैमर ओर-छोर पर छिटका है। यौवन पर दहलीज लाँघती उम्र जैसा। रोमांचक चेहरों की चाल दूसरी ही है। दृश्यों की यह ढलान कितनी उत्तेजक होगी? मन और तन की सन्धि पर रियाल्टो टॉवर झूम रहा है।

ये कोई किस्से नहीं, मेलबर्न के बीचोंबीच चल रही सच्ची कहानियाँ हैं। यहाँ के लोगों द्वारा जानी-पहचानी। इसके विविध रूप हैं। कभी मूल, आंचलिक संस्कृति के रूप में इसकी पहचान होती है। कभी सिडनी से मेलबर्न तक इसे आधुनिक जीवन के विकासक्रम में देखा-परखा जाता है। यहाँ के झरने, झीलें, पहाड़, समुद्र-तट, दरिया, मीलों फैली हरी घास की पट्टियाँ और मनोहर-सा लग रहा स्टेडियमों का झंकृत संसार सीधे इंसानी मूल्यों से जोड़ जाता है। जिन्दगी के विविध पहलुओं को टटोलने वाली गतिविधियाँ यहाँ साकार होती हैं। मन और महोत्सव की सफलता के लिए मेलबर्नवासी किसी हद तक भी मेहनत कर सकते हैं। क्योंकि काम यहाँ पूजा है और पूजा का उजला चेहरा सभी पीढ़ियों

के लोगों के लिए मोहक बना रहता है। जिसे देखने में लोग दृढ़ निश्चय के साथ आगे बढ़ते हैं। इमारतें देखीं, उनमें जान महसूस की है। इसी तरह जिमों, स्टूडियोज़ और स्टेडियमों का सम्मोहन भाता रहा है। एक-एक गार्डन में कैक्टस की दो हजार किस्में और दूसरे पौधों, उनकी जड़ों का भी यह हरापन जीवन राग दे रहा है। मन को एकाएक अपने साथ ही ले रहा है। ऊँचाई! रियाल्टो की और जीवन की। भीड़ इरादों और उनकी पुख़्तगी की भी।

लिफ्ट मालूम ही नहीं होने देती और आप पचपनवीं मंज़िल पर आ उतरे हैं। विभिन्न संस्कृतियों, अलग-अलग देशों के सैलानियों के साथ बाहर देखना अन्दर महसूस कर जाना एक परिवर्तन देता है।

❑❑❑